『砂の器』と木次線

①「亀嵩駅」として父子の別れのシーンが撮影された出雲八代駅(2023年)

②木次線を行く列車
『砂の器』(1974年)監督/野村芳太郎　写真提供/松竹

③亀嵩でのロケ風景(1974年8月23日)
写真提供/若槻卯吉さん遺族

④出雲三成駅
『砂の器』(1974年)監督/野村芳太郎　写真提供/松竹

⑤下久野でのロケ風景(1974年)
写真提供/藤原明博さん

⑥橋の袂の「亀嵩駐在所」
『砂の器』(1974年)監督/野村芳太郎　写真提供/松竹

⑦撮影に使われた「亀嵩駐在所」の看板

⑧三成愛宕祭の当家《とうや》で宴に加わる緒形拳（1974年）
写真提供/内田元子さん

⑨緒形拳と地元のエキストラたち（1974年）
写真提供/落合傳吉さん

⑤下久野地区

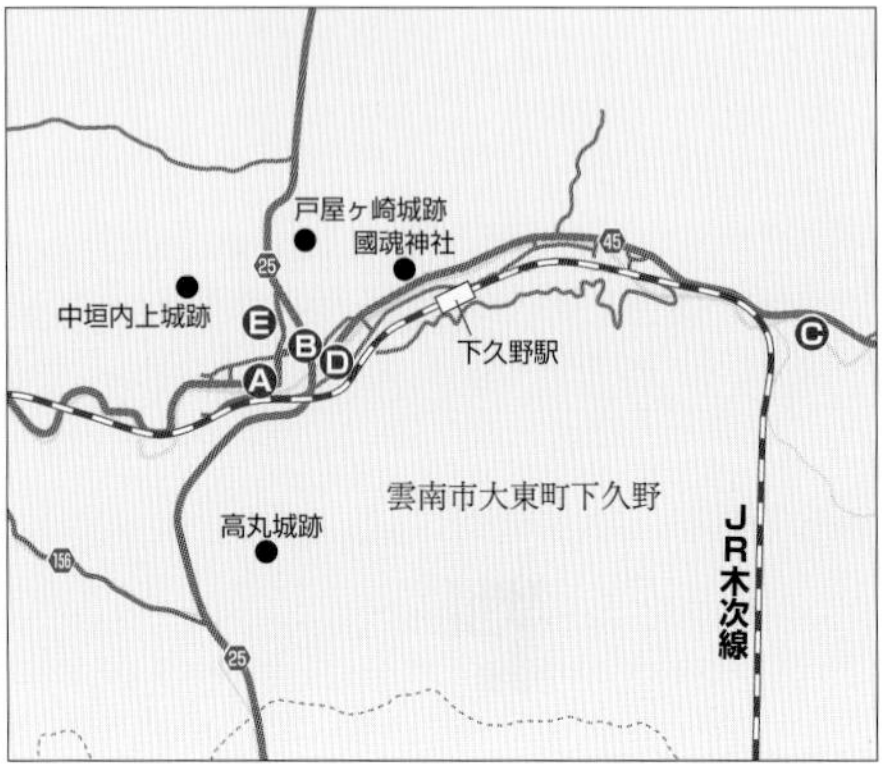

⑦亀嵩地区

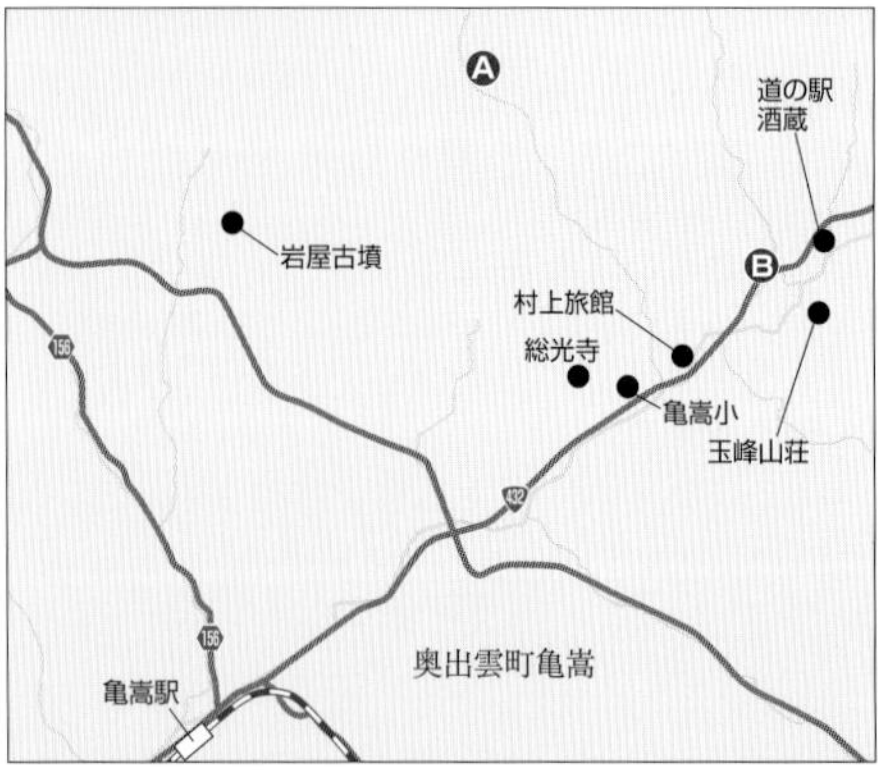

①宍道駅
・今西、木次線に乗り換える

②出雲三成駅
・今西、駅に降り立つ

③三成地区
・「三森警察署」
（旧三成署。現存せず）

④寺領の鉄橋
・列車とジープが交錯

⑤下久野地区
Ⓐジープが集落を走る
Ⓑ本浦父子が歩く（石灯籠）
Ⓒ「亀嵩駐在所」
Ⓓ秀夫が砂の器を作る川原
（久野川）
Ⓔ荷馬車が行く（小僧谷道）
※他にもいくつかのシーンが
下久野で撮影されている

⑥八川駅（「亀嵩駅」駅舎）
・今西、ジープで通りかかる
・本浦父子が歩く

⑦亀嵩地区
Ⓐ「桐原老人宅」
Ⓑ三木、神社で父子と会う
（湯野神社）

⑧馬馳の医院跡
・「隔離病舎」外観

⑨出雲八代駅
（「亀嵩駅」ホーム）
・今西、ホームに立つ
・秀夫、線路を走ってくる
・父子の別れ

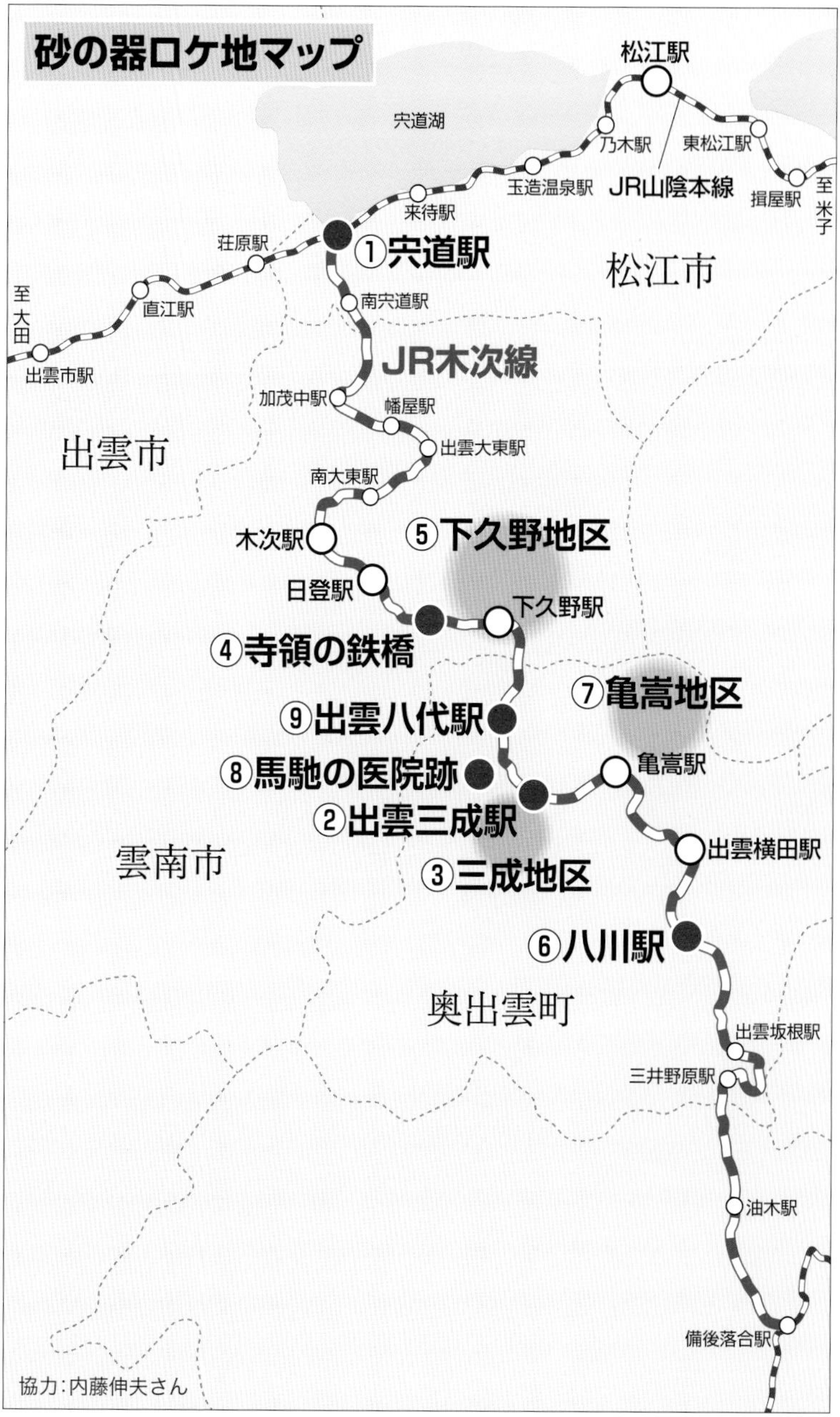
砂の器ロケ地マップ
宍道湖
松江駅
乃木駅
東松江駅
揖屋駅
至米子
JR山陰本線
玉造温泉駅
来待駅
①宍道駅
荘原駅
直江駅
至大田
出雲市駅
松江市
南宍道駅
JR木次線
加茂中駅
幡屋駅
出雲大東駅
出雲市
南大東駅
木次駅
⑤下久野地区
日登駅
下久野駅
④寺領の鉄橋
⑦亀嵩地区
⑨出雲八代駅
⑧馬馳の医院跡
亀嵩駅
②出雲三成駅
出雲横田駅
雲南市
③三成地区
⑥八川駅
奥出雲町
出雲坂根駅
三井野原駅
油木駅
備後落合駅
協力:内藤伸夫さん

⑩砂の器記念碑の除幕式に集まった人々（1983年10月23日）
写真提供/亀嵩観光文化協会

目次

※歴史上の人物、著名人、映画・小説関係者（作家、俳優、スタッフ等）の人名については、原則として敬称略とする。

はじめに

小学三年・夏の記憶

一九七四(昭和四九)年の八月のことだった。当時、小学三年生だった私の家の前を、何人かの大人が興奮した様子で走っていった。

「駅で映画の撮影、やっちょうわ」

誰かの声につられ、私も急いで大人たちの後を追った。駅は家から目と鼻の先、小さな橋を渡ってすぐのところにある。道の突き当りに駅があり、駅舎の前はちょっとした広場になっている。夏の間、毎朝近所の子どもたちが集まってラジオ体操をする、その広場の手前に人だかりができていた。

いつも見慣れた駅舎の赤いトタン屋根には、見たことのない看板が仰々しく掲げられている。そこに書かれた「亀嵩驛」の文字が、目に飛び込んできた。

私が生まれ育ったのは、島根県仁多《にた》郡横田町(現・奥出雲町)の八川《やかわ》地区。中国山地の典型的な山里である。斐伊《ひい》川の支流、室原川(下横田川)の近くを国鉄(現・JR)の木次《きすき》線が走る。広島県境への急勾配にかかる少し手前、標高約三九〇メートルの地点に木造の駅があった。

「亀嵩驛」の看板がしつらえてあったのは、他でもない、その八川駅である。大人たちの話によれば、映画は『砂の器』というタイトルで、東京から来たロケ隊が、地元のいろいろな場所で、何日もかけて撮影をしている。ほんとうは隣の仁多町（現・奥出雲町）にある亀嵩《かめだけ》地区が舞台なのだが、亀嵩の駅の中に最近そば店が出来たため、代わりに八川駅で撮影することになったらしく、今、丹波哲郎が来ているのだという。

俳優・丹波哲郎といえば、私たちの年代では、何と言ってもテレビドラマ『Gメン'75』（TBS、一九七五〜八二年）の警視役の印象が強いが、この時はまだ放送が始まっていない。しかし、その前の『キイハンター』（同、一九六八〜七三年）を見ていたので、私も九歳の子どもながら、顔と名前は知っていた。

私は急いで家に帰り、マジックペンと色紙を探した。それらの物が、まるで用意してい

「亀嵩駅」としてロケが行われた八川駅（2023年）

たかのようにすぐに見つかったのには訳がある。

私の家は、戦後、祖父が八川駅前に移り住んで始めた小さなよろず屋だった。洗剤や線香、殺虫剤といった日用品、パンや菓子にジュース類、そして文房具なども売っていた。もっとも祖父は私が生まれた時にはもうこの世におらず、さらに私が小学校に上がって間もなく、店番をしていた祖母も亡くなった。父母はそれぞれ勤めがあったため、既にこの時、店は畳んでいたのだが、一部の売れ残った商品がそのまま陳列棚に置かれた状態だったのである。真新しいマジックペンと色紙を手に、私はまた八川駅へ向かった。

細かい記憶はないが、たぶん撮影スタッフか関係者が、色紙を持った小学生に気がついたのだろう。撮影が終わったら教えてやるから待っていろ、と言われたように思う。どんなシーンだったかも憶えていないが、ともかく撮影が終わり、「今だ」と促されて私は丹波さんの前に進み出た。同時に、カメラを手にした人（私には新聞記者に思えた）などが何人か出てきて、私たちの周りをぐるりと取り囲んだ。

目の前に立つ丹波さんは、テレビで見るのと同様に眼光が鋭く、とても怖い人に見えた。私はおそるおそる色紙とマジックペンを手渡した。威厳のある顔つきで、大スターはペンを構えた。ところがサインしてくれるかと思いきや、次の瞬間、私の鼻先にペンが突きつけられ、丹波さんの大声が響いた。

「キャーーーップ!!」
最初は何を言われたのかがわからず、頭の中が真っ白になった。マジックペンの先を見て、キャップを外していなかったことに、ようやく気がついた。私は急いで取ろうとしたが、新品のマジックペンのキャップは固く締まっている。ひょろひょろした小学三年生の力では、なかなかこじ開けられない。周りを取り囲む大人たちから笑いが起こった。焦りに焦っていると、しょうがないなあ、と丹波さんが手を差し出してきた。二人でペンの両端を持って引っ張り合った末、やっとキャップが外れた。こうして、私は大いに冷や汗をかきながら、大スター、丹波哲郎の直筆サインを手にしたのである。

八川駅での撮影は、別の日にも行われた。実際に撮影しているところに遭遇した覚えはないが、前を通りかかった時に、広場の一角に普段はそこにない祠があり、中に石の地蔵が立ち並んでいるのを見た。目を凝らすと、それらは何かで作ったハリボテだった。本物の石とは違っていかにも軽そうだったことと、地蔵の首元にかけられた赤い布の、妙に浮いたような鮮やかさが、印象に残っている。

『砂の器』という映画

それから二か月後の一〇月、映画『砂の器』は全国の映画館で公開され、大きな評判を呼んだ。毎日映画コンクール大賞、キネマ旬報脚本賞、ゴールデンアロー賞映画賞、モスクワ国際映画祭審査員特別賞など数多くの賞を受け、興行的にも大成功を収めた。

詳しくは次章以降に述べるが、ご存知でない読者のために『砂の器』がどんな作品なのか、ここで簡単に紹介しておく。

ストーリーは、ある殺人事件の犯人探しを軸に展開する。東京・蒲田で、初老の男性の他殺体が見つかった。捜査は難航するが、事件直前に被害者が若い男と近くのバーにいたことがわかる。店の女性が耳にした被害者の訛り（ズーズー弁）と「カメダ」という言葉を手がかりに、刑事が謎を追っていくと、意外な人物が浮かび上がり、その動機にまつわる秘められた過去が明らかになる。

原作は、社会派ミステリーやノンフィクションなど数々の傑作を手がけ、戦後を代表する作家として知られる松本清張が、一九六〇（昭和三五）年五月から翌年にかけて、読売新聞の夕刊に連載した長編推理小説である。連載時から映画化の話が出ていたが、すぐには企画が実現せず、一四年後に、松竹と橋本プロダクションの提携作品として製作、公開された。監督は野村芳太郎、脚本は橋本忍と山田洋次が手がけ、丹波哲郎、加藤剛、緒形拳、加藤嘉など、昭和を彩った豪華な俳優たちが多数出演している。

この映画が評価された最大のポイントは、事件の謎解きが行われる後半部分の見事な構成にある。捜査にあたった今西栄太郎刑事（丹波哲郎）がことの経緯を説明する警視庁の捜査会議と、新進気鋭の音楽家・和賀英良（加藤剛）が『宿命』という新曲を披露するオーケストラの演奏会が同時進行で描かれ、さらに和賀の少年時代の回想シーンが重ねられる。

回想では、ハンセン病を患った父親・本浦千代吉（加藤嘉）が故郷の村を離れ、幼い息子・秀夫（後の和賀、春田和秀）と二人で白装束の巡礼姿で旅に出る。日本列島各地を放浪し、たどり着いた亀嵩で、父と子は駐在所の警官・三木謙一（緒形拳）に保護される。千代吉は療養施設に送られ、秀夫は三木に引き取られるが、やがて秀夫は脱走し、行方知れずになるのだった。

よく知られていることだが、実は松本清張の原作では、この父と子の放浪は、ほんの数行しか書かれていない。わずかな記述を大きく膨らませて、物語の核心となる重要なシーンにまで仕立てたのは、脚本の橋本忍のアイデアによるものである。原作者の清張自ら「映画でなけりゃできない、すごい」[1]と絶賛したという。

「亀嵩」のインパクト

映画が公開された当時、私自身は確か母に連れられて観た記憶がある。場所は定かではないが、地元の横田にあった「横田大劇」という映画館かもしれない。昭和二〇年代からあった古い劇場で、二階の桟敷席は畳敷きだった。この頃はほとんど営業していなかったが、年に何回か子ども向けの娯楽映画などが上映されることがあった。あるいは町内の公民館あたりで、特別に上映会が開かれたのか。そうでなければ、松江の映画館まで行かなければならなかったはずだが、わざわざそのために母が子連れで松江まで出て行ったとも考えにくいのである。

小学生の私には、作品の全てを理解することは難しかったと思う。そもそもこの映画に対する関心の半分以上は、八川駅など自分が知っている場所の映像がいつ出てくるのかということだった。それでもやはり、『宿命』(作曲・菅野光亮)のドラマティックな旋律をバックに展開する「亀嵩」のシーンには、息が詰まり心臓が早打ちするような、強烈な印象を受けたことを憶えている。

だが、その真のすごさを知ったのは、むしろ成人して島根を離れ、東京などよその土地で働くようになってからである。職場では、上司や同僚に出身地を聞かれることがしばしばある。皆、ほんとうは他人の出身地などにそれほど興味はなく、あくまで社交辞令として聞いてくるのだと思うが、私が「島根県の山の方」と答えると、相手のトーンが変わり「では『砂の器』のところ?」「ひょっとして亀嵩?」と食いついてくることが少なくなかった。

作品の舞台になった奥出雲の人間が『砂の器』を知っているのは当然だが、日本中の人たちに『砂の器』や「亀嵩」が広く知られ、忘れがたいインパクトをもって受け止められていることに驚き、作品が持つ力の大きさを実感したものだ。

『砂の器』はテレビでも、映画以前(一九六二年)に作られた一作品を含め、これまでに六回ドラマ化されている。映画が作られた以降に放送された作品は、それぞれ設定に違いはあるものの、映画同様に「父と子の放浪」を描いていて、それが『砂の器』という物語のイメージとして完全に世の中に定着している。全ての原点が、一九七四年の映画にあるといっても良いだろう。

不朽の名作を生んだローカル線

映画『砂の器』が公開されて、半世紀近くになる。DVDやブルーレイディスク、動画配信サービスなどで映画を個人で視聴する時代になった今も、作品は多くの人の心をとらえ続け、不朽の名作の呼び声が高い。中国でも、一九八〇年に中国語版が公開されて大きなブームとなり、二一世紀の現在もなお、根強い人気を保っているという。[2]

作品の大きな魅力の一つに、寒風吹きすさぶ冬の青森・竜飛岬、あんずの花が咲く春の長野・更埴など、日本列島の四季を追うように、全国各地で撮影された父と子の放浪シーンの映像が挙げられる。これらの映像は、失われた昭和の日本の風景を今に伝える記録としても大変貴重なものだ。

その中でも、物語の重要な舞台となり、日本映画史に残る伝説の名場面を生んだ「亀嵩」パートの撮影が行われたのが、他ならぬ木次線沿線なのである。

ＪＲ木次線と言えば、長年膨大な赤字を蓄積してきた過疎地のローカル線として、今また存廃問題が大きく取り沙汰されている。『砂の器』の撮影が行われた一九七〇年代は、まさにローカル線の赤字問題がクローズアップされ、国鉄の合理化で木次線が大きく姿を変えようとしていた時代だった。

そうした中で、「亀嵩」パートの名場面はどのようにして生まれたのか？　そして、ロケが行われた沿線の地域は、当時どんな様子だったのか？

『砂の器』に関しては、これまでも多くのことが語られてきたが、それらは主に作り手や評論家、ファンの視点からのものだった。

本書では、特に「亀嵩」パートに焦点を絞り、さまざまに語られてきた映画製作の経緯を改めて整理するとともに、当時ロケに協力し、見守った木次線沿線の人々の記憶を掘り起こし、地域の視点から『砂の器』と木次線の関わりを探っていきたい。

第一章では「亀嵩」パートの映像を詳しく分析し、撮影がどのように行われたのか、資料などをもとに検証する。第二章では撮影が行われた当時の木次線、および沿線地域がどのような状況にあったのか、それまでの歴史を紐解きつつ、考察する。第三章では、原作者・松本清張が「亀嵩」や「ズーズー弁」と呼ばれる出雲の方言に着目した理由を探るとともに、小説の執筆を陰で支えた亀嵩の人たちのエピソード、さらに小説が映画になるまでの紆余曲折を追う。そして第四章で、超大作映画のロケという非日常的な出来事が、地域の側からはどのように見えていたのか、撮影にそれぞれの立場で関わった木次線沿線の人たちの記憶をたどる。

1 白井佳夫・川又昂「松本清張の小説映画化の秘密」（『松本清張研究』創刊号、砂書房、一九九六）
2 王成・劉文兵「日本電影是我的憧憬―海を渡った『砂の器』」（『松本清張研究』第十三号、北九州市立松本清張記念館、二〇一二）

第一章　「亀嵩」はどう描かれたのか

（1）映像の中の「亀嵩」

二つの「亀嵩」パート

映画『砂の器』は、上映時間二時間二三分に及ぶ超大作である。この中で「亀嵩」を舞台に物語が展開するパート（シークエンス）を、本書では考察の主な対象とする。この「亀嵩」パートは、映画の前半と後半に一回ずつ、全体で二回ある。

一回目は、殺された三木がかつて亀嵩で巡査をしていたことをつかんだ今西刑事が、謎を追って亀嵩を訪れるパートである。映画では、物語の発端となる遺体発見の日付が、「昭和四六年六月二四日」[1]となっており、今西が亀嵩に足を運んだのも同じ年の夏の設定だと考えられる。便宜上、このパートを「今西刑事編」と呼ぶことにする。

そして二回目が、後半のクライマックスとなる謎解きで、巡礼姿の本浦千代吉と秀夫の父子が放浪の末に亀嵩にたどり着いてからのエピソードが描かれる回想部分である。映画では、「昭和一八年八月」[2]の出来事とされている。このパートを「本浦父子編」と呼ぶ。

図表1-① 「亀嵩」パート　今西刑事編

シーン	カット	シナリオ#	IN	OUT	尺	備考
鉄道で奥出雲へ向かう	海辺を走る列車	(51,52)	0:41:05	0:41:13		(字幕)特急「まつかぜ」で山陰路に入る
	鳥取駅ホームで新聞買う今西	53	0:41:13	0:41:22		
	車内の今西　新聞広げる	54	0:41:22	0:41:35		
	今西の肩ごし　新聞		0:41:35	0:41:44		
	今西表情		0:41:44	0:41:46		
	和賀の記事		0:41:46	0:41:52		(新聞見出し)新曲「宿命」に挑む
	今西、新聞をたたんで外を見る		0:41:52	0:42:02		
	大山を背に走ってくる「まつかぜ」	55	0:42:02	0:42:08		
	窓外の宍道湖	56,57	0:42:08	0:42:15		
	宍道駅看板		0:42:15	0:42:17		
	ホームのベンチに座る今西		0:42:17	0:42:20		
	今西立ち上がる→汽車がホームに		0:42:20	0:42:33		(字幕)木次線　備後落合行を待つ
	走る列車(3両)→山並み	58	0:42:33	0:42:49		
	駅ルーズ(列車が停車しドアが開く)	60	0:42:49	0:42:56		
	改札を出る今西		0:42:56	0:43:00		ホームに「キハ53 7」が停車
	出雲三成駅正面　今西出てくる	61	0:43:00	0:43:09	2分4秒	
地元の警察署で	今西歩き→警察署	62	0:43:09	0:43:18		
	警察署長と今西(4カット)	63	0:43:18	0:43:49		スタジオ撮影
	今西と退職者たち(7カット)	64	0:43:49	0:45:09		
	署長と今西(4カット)	65	0:45:09	0:46:25	3分16秒/5分20秒	
亀嵩へ	山	66	0:46:25	0:46:30		
	川沿いの道(ジープと列車)		0:46:30	0:46:36		
	ジープガラス越し、運転する警官と今西	67	0:46:36	0:46:44		合成
	亀嵩駅看板		0:46:44	0:46:46		
	駅正面、ジープが停まってすぐに行く		0:46:46	0:46:54		
	集落の家々(手前の道をジープ行く)	68	0:46:54	0:46:58		
	フロントガラス越し、警官と今西	69	0:46:58	0:47:18		合成
	集落を行くジープ(バックショット)	70	0:47:18	0:47:24		
	フロントガラス越し、警官と今西	71	0:47:24	0:47:40		合成
	かやぶき屋根越しジープ	72	0:47:40	0:47:47	1分22秒/6分42秒	
桐原老人を訪ねる	警官と今西後ろ姿→集落(奥に桐原家)	73	0:47:47	0:47:56		
	2人、村人と挨拶→桐原家へ		0:47:56	0:48:12		(字幕)桐原家を訪ねる 被害者三木謙一の駐在当時 最も親しき人　算盤業を営む
	庭木ごし茶室	74	0:48:12	0:48:21		スタジオ撮影
	桐原と今西(11カット)		0:48:21	0:50:34	2分47秒/9分29秒	
集落で聞き込み	雨の中、和傘さして歩く今西	75	0:50:34	0:50:40		
	軒先で女性に聞き込みする今西 (前を蓑を来た村人が通る)		0:50:40	0:50:48		(字幕)桐原老人以外にも　17,8名の人に逢う しかし　人々の話は
	道ばたで傘をさして男性に聞き込み		0:50:48	0:50:58		(字幕)被害者を　ますます正義感の強い 模範的な警官に実証するばかりである
	茅葺の家々		0:50:58	0:51:07	33秒/10分2秒	(字幕)－殺人の動機は この奥出雲の地には　何一つない
駅を訪ねる	ジープガラス越し、今西	77	0:51:07	0:51:13		合成
	車内　警官と今西バックショット	78	0:51:13	0:51:19		合成
	石の灯籠の前を行き過ぎるジープ		0:51:19	0:51:24		
	ガラスごし、今西と警官		0:51:24	0:51:27		合成
	砂利道を走ってくるジープ		0:51:27	0:51:31		
	ガラスごし、今西と警官	79	0:51:31	0:51:37		合成
	駅の前にジープが停まり、今西が駅の中へ	80	0:51:37	0:51:49		
	ホームに現れる今西		0:51:49	0:52:02		
	ホームを歩く今西→亀嵩看板にZI		0:52:02	0:52:15		
	今西アップ		0:52:15	0:52:26	1分19秒/11分21秒	

シーン	カット	シナリオ#	IN	OUT	尺	備考
父子の別れ	走ってくる秀夫	185	1:59:12	1:59:15		
	石の灯籠の横を走る		1:59:15	1:59:18		
	川沿いを走る		1:59:18	1:59:22		
	木の橋を渡り坂を駆け上がる	186,187	1:59:22	1:59:28		
	走る秀夫アップ		1:59:28	1:59:30		
	稲穂の中を走る		1:59:30	1:59:40		
	駅のホームの千代吉たち	188,189	1:59:40	1:59:45		
	線路に駆け上がる秀夫	190	1:59:45	1:59:48		
	鉄橋を走って渡る秀夫		1:59:48	1:59:55		
	走る秀夫アップ		1:59:55	1:59:57		
	ホームから見る線路	191	1:59:57	2:00:00		
	ホーム上の一行		2:00:00	2:00:04		
	線路の向こうから秀夫が走ってくる		2:00:04	2:00:09		
	驚く三木		2:00:09	2:00:10		
	顔を上げる千代吉		2:00:10	2:00:15		
	線路上を走ってくる秀夫		2:00:15	2:00:19		
	秀夫アップ		2:00:19	2:00:21		
	千代吉立ち上がる		2:00:21	2:00:24		
	秀夫の方へ向かう千代吉		2:00:24	2:00:29		
	千代吉アップ		2:00:29	2:00:31		
	ホームで父子抱き合う		2:00:31	2:00:33		
	千代吉アップ		2:00:33	2:00:39		
	秀夫アップ		2:00:39	2:00:44		
	蒸気機関車		2:00:44	2:00:49		
	見守る三木		2:00:49	2:00:55		
	秀夫アップ		2:00:55	2:00:59		
	千代吉アップ		2:00:59	2:01:03		
	秀夫アップ		2:01:03	2:01:11		
	近づく機関車		2:01:11	2:01:20	2分8秒/11分19秒	
	捜査会議（4カット）	193	2:01:20	2:01:40	20秒/11分39秒	スタジオ撮影
秀夫を引き取る	駐在所前で三木が秀夫の散髪	194	2:01:40	2:01:48		
	髪を切られる秀夫		2:01:48	2:02:03		
	湯を汲み秀夫を入浴させる夫婦		2:02:03	2:02:23		スタジオ撮影
	ご飯を食べる秀夫		2:02:23	2:02:29		
	食卓囲む三木夫婦と秀夫		2:02:29	2:02:41		
	ご飯を受け取り食べる秀夫		2:02:41	2:02:52	1分12秒/12分51秒	
	捜査会議	195	2:02:52	2:03:03	11秒/13分2秒	スタジオ撮影
秀夫の逃亡	夜、家を出る秀夫	196	2:03:03	2:03:16		
	駐在所の前に立つ秀夫アップ		2:03:16	2:03:23		
	橋を渡る秀夫		2:03:23	2:03:38		
	演奏会（2カット）		2:03:38	2:03:54		ホールで撮影
	駐在所内、慌てる三木夫婦	197	2:03:54	2:04:07		
	自転車で石灯籠の横を行く三木		2:04:07	2:04:13		
	村人に声をかける自転車の三木		2:04:13	2:04:24		
	集落ロング（別の村人に声がけする三木）		2:04:24	2:04:37		
	細道を自転車で行く三木		2:04:37	2:04:46		
	山道を駆け上がる秀夫		2:04:46	2:04:50		
	身を潜める秀夫、三木が下に来る		2:04:50	2:04:57		
	秀夫の名を呼ぶ三木		2:04:57	2:05:02		
	藪の中に隠れる秀夫アップ		2:05:02	2:05:06		
	秀夫の下を三木が行き過ぎる		2:05:06	2:05:10		
	立ち上がる秀夫、涙を拭う		2:05:10	2:05:16		
	遠ざかる自転車の三木		2:05:16	2:05:28		
	秀夫アップ		2:05:28	2:05:36	2分33秒/15分35秒	
	（オーバーラップ）演奏会の和賀	198				ホールで撮影

図表1-② 「亀嵩」パート　本浦父子編

シーン	カット	シナリオ#	IN	OUT	尺	備考
亀嵩に来た父子	空→田んぼの中の砂利道歩く父子	164,165	1:50:01	1:50:21		
	亀嵩駅看板→歩いてくる父子		1:50:21	1:50:34		
	石の灯籠→父よろけて座る		1:50:34	1:50:54		
	子ども濡らした手ぬぐい渡す		1:50:54	1:51:07	1分6秒	
	捜査会議（2カット）	166	1:51:07	1:51:32	25秒/1分31秒	スタジオ撮影
三木との出会い	神社の石段のぼる三木巡査後ろ姿	170,171	1:51:32	1:51:42		
	境内走る三木	172,173	1:51:42	1:51:48		
	立ち止まる三木		1:51:48	1:51:53		
	物陰に潜む秀夫		1:51:53	1:51:55		
	三木が秀夫見つけ走り寄る		1:51:55	1:51:59		
	拝殿の下に逃げ込む秀夫を探す三木		1:51:59	1:52:04		
	縁の下を覗く三木		1:52:04	1:52:06		
	父子		1:52:06	1:52:12		
	三木		1:52:12	1:52:18	46秒/2分17秒	
	捜査会議（2カット）	174	1:52:18	1:52:43	24秒/2分41秒	スタジオ撮影
駐在所で	橋の袂の駐在所（三木の妻が戻る）	175	1:52:43	1:52:47		
	駐在所内の三木と父子		1:52:47	1:53:06		
	三木、茶をすすめ話をきく		1:53:06	1:53:24		
	父子		1:53:24	1:53:33	50秒/3分32秒	
	捜査会議	176	1:53:33	1:53:47	14秒/3分46秒	スタジオ撮影
千代吉、隔離病舎へ	坂を上ってくる荷車と三木	177	1:53:47	1:53:55		
	後をついてきた秀夫		1:53:55	1:53:58		
	追い返す三木		1:53:58	1:54:01		
	憮然とする秀夫の表情		1:54:01	1:54:06		
	再び後を追う		1:54:06	1:54:16	29秒/4分15秒	
	捜査会議	178	1:54:16	1:54:38	22秒/4分37秒	スタジオ撮影
三木の説得と川辺の秀夫	亀嵩村隔離病舎看板	179	1:54:38	1:54:40		
	千代吉		1:54:40	1:54:46		スタジオ撮影
	三木		1:54:46	1:54:50		
	千代吉と三木		1:54:50	1:55:06		
	窓越し2人		1:55:06	1:55:17		
	三木越し千代吉		1:55:17	1:55:29		
	川で砂の器を作る秀夫	180	1:55:29	1:55:38		
	水をすくう		1:55:38	1:55:43		
	砂を成形する		1:55:43	1:55:54		
	堰の手前にいる秀夫		1:55:54	1:56:06		
	板の上に器並べる		1:56:06	1:56:13	1分35秒/6分12秒	
	捜査会議	181	1:56:13	1:56:35	22秒/6分34秒	スタジオ撮影
千代吉の出発	荷馬車で運ばれる千代吉	182	1:56:35	1:56:39		
	坂を下りて行く一行		1:56:39	1:56:44		
	馬にひかれる千代吉の車		1:56:44	1:56:51		
	駐在所前　子どもたち走っていく	183	1:56:51	1:56:55		
	秀夫		1:56:55	1:57:00		
	駐在所前に一行が来る		1:57:00	1:57:09		
	駐在所に隠れる秀夫（後ろに三木の妻）		1:57:09	1:57:17		
	駐在所前で一行停まる		1:57:17	1:57:31		
	千代吉の体を三木が起こす		1:57:31	1:57:44		
	見つめる秀夫		1:57:44	1:57:51		
	三木の妻		1:57:51	1:57:53		
	三木が再び千代吉を寝かせる		1:57:53	1:57:56		
	秀夫アップ		1:57:56	1:58:07		
	運ばれていく千代吉		1:58:07	1:58:14		
	秀夫（千代吉の見た目ショット）		1:58:14	1:58:19		
	少し外に出て一行を見送る秀夫		1:58:19	1:58:30		
	秀夫アップ（後ろに三木の妻）		1:58:30	1:58:36		
	遠ざかる一行		1:58:36	1:58:44		
	涙をぬぐう秀夫		1:58:44	1:58:51	2分16秒/8分50秒	
	演奏会（2カット）	184	1:58:51	1:59:12	21秒/9分11秒	ホールで撮影

図表1-③　「亀嵩」パート「シナリオ」(シーン番号と小見出し)

今西刑事編	
シーン#	小見出し
51	山陰線・余部の鉄橋
52	居組あたり
53	鳥取駅
54	泊附近
55	広大な伯耆大山を背景に
56	宍道湖畔__宍道駅
57	宍道駅
58	千鳥号
59	同・車内
60	出雲三成駅
61	駅の建物
62	三森警察署
63	同・署内・署長室
64	同・署内の一室
65	同・署長室
66	木次線に沿うた道
67	ジープの中
68	山峡の亀嵩街道
69	その中
70	斐伊川沿いの道
71	その中
72	亀嵩の町
73	亀嵩の町（翌朝）
74	桐原家
75	奥出雲__山峡の亀嵩とその周辺
76	亀嵩の町
77	その中
78	ジープ
79	そのジープの中
80	木次線・亀嵩駅

本浦父子編	
シーン#	小見出し
164	めくるめく強烈な太陽
165	木次線・亀嵩駅の前
166	捜査会議
167	亀嵩__村の家並みの通り
168	家並みの外れ・橋の上
169	村の道
170	村外れ・その神社の前
171	神社の石段
172	拝殿
173	拝殿の裏
174	捜査会議
175	駐在所
176	捜査会議
177	亀嵩村・避病院
178	捜査会議
179	亀嵩村・避病院の一室
180	斐伊川の川原
181	捜査会議
182	亀嵩村
183	駐在所の前
184	ＲＣＢ大ホール
185	亀嵩村の道
186	斐伊川の橋
187	山峡の亀嵩街道
188	亀嵩駅
189	同・駅のホーム
190	秀夫
191	同・ホーム
192	ＲＣＢ大ホール
193	捜査会議
194	亀嵩駐在所
195	捜査会議
196	村の家並みの通り（夜明け前）
197	三木巡査
198	ＲＣＢ大ホール

映像の中の「亀嵩」は、どのように描かれているのか。それぞれのパートについて、詳しく見て行くことにする。

二つのパートを把握するため、DVDの映像をもとにカット表を自作してみた。**【図表1―①】**が「今西刑事編」、**【図表1―②】**が「本浦父子編」である。

表の見方について、少し説明をしておく。〈シーン〉は一続きの場面・出来事、〈カット〉は個々の具体的な映像、〈IN〉〈OUT〉はそれぞれカットの始まりと終わりの時間、〈尺〉はシーンの長さとその累計を示している。

なお、スタジオ（松竹・大船撮影所）で撮影されたと思われる室内のカット、およびコンサートホール（埼玉会館）で撮影された演奏会については、複数のカットを一行にまとめた箇所もある。

また〈シナリオ#〉には、元の「シナリオ」[3]のシーン番号と照合し、そのカットに対応すると思われる番号を記している。（「シナリオ」のシーン番号と小見出しの一覧は**【図表1―③】**に示した。）

カット表は映画作品という成果物、いわば最終的な「結果」を反映しているが、その結果を生み出すためには、事前に脚本家（橋本忍、山田洋次）によって作られた「計画」＝「シナリオ」がある。

そして「計画」と「結果」の間には、現実のさまざまな条件と折り合いをつけながら、演出を施し、映像化していく「プロセス」が存在する。この「プロセス」を物語る資料が、各シーンごとのねらいを記した野村芳太郎監督の「演出ノート」[4]および川又昂《たかし》カメラマン（撮影監督）の「撮影報告」[5]である。

カット表とこれらの資料を対比しつつ、『砂の器』についてこれまでいろいろと語られてきた情報も踏まえて、二つの「亀嵩」パートを考察してみたい。

（2）今西刑事編

「亀嵩」パートの「今西刑事編」は映画の前半、上映時間で言えば四一分〇五秒から五二分二六秒まで、一一分二一秒をかけて描かれている。このパートは、カット表で示したように「鉄道で奥出雲へ向かう」「地元の警察署で」「亀嵩へ」「桐原老人を訪ねる」「集落で聞き込み」「駅を訪ねる」の六つのシーンに整理できる。（**【図表1−①】**参照）

以下、シーンごとに気がついた点を述べたい。

鉄道で奥出雲へ向かう

山陰線の特急「まつかぜ」が海岸を走るカットから始まり、宍道駅で木次線に乗り換えて奥出雲へと向かう今西の鉄道の旅を、約二分かけて描いている。

松本清張の小説には鉄道がよく登場することで知られているが、清張作品を原作とするいわゆる「清張映画」にも鉄道の旅を印象的に描いた作品がある。その最たるものが、『張込み』(松竹、一九五八年)であろう。『砂の器』と同じ、原作・松本清張、脚本・橋本忍、監督・野村芳太郎のチームが初めて手がけた作品で、カメラマンの川又昂も撮影アシスタントとして参加している。

映画の冒頭、容疑者の張込みに向かう二人の刑事が横浜駅で鹿児島行きの夜行列車に飛び乗り、車内の混雑と暑さに耐えながら、目的地の佐賀まで移動する長時間の道中を、七分半もかけて延々と描き、評判を呼んだ。

そこまでの長さではないが、『砂の器』においても鉄道のシーンは、野村監督以下スタッフにとっては『張込み』や同じく鉄道の旅が出て来る『ゼロの焦点』(松竹、一九六一年)などで培った腕の見せ所でもあり、力を入れて撮影されたことは想像に難くない。『砂の器』のロケが進行していた一九七四年六月一七日頃、野村は演出のねらいを記した「演出ノート」をスタッフと一部の俳優に渡している。そこには次のように書かれている。

前半、余部より三成にかけては、その距離感、旅の楽しさ（実感）といったもの……、あたかも見る人を、山陰の奥地まで旅する実感を描くこと[6]

映像上、ここではまだ「亀嵩」は出てこないが、今西の鉄道での旅をある程度時間をかけ、道中のプロセス（駅の売店、車中、乗り換えなど）も丁寧に描くことで、「亀嵩」がはるか遠い「山陰の奥地」であることを、見る人に実感として植えつけるねらいがあった。ところで、橋本・山田の「シナリオ」では、この旅のシーンの導入部は次のように設計されている。

51　山陰線・余部の鉄橋

朝、遠景。

特急・松風、通過している

タイトル。

〈東京を出て十一時間〉

〈特急、松風で山陰路に入り、余部の鉄橋を越える〉

52 **居組あたり**

紺青の日本海の海。

その海に直接屹立した山から、松風、トンネルを出て来る。[7]

しかし、完成した映画では、該当箇所にはワンカットだけ、どこか海辺の集落を特急「まつかぜ」が走り抜ける映像が使われているのみである。

このカットに、余部鉄橋（兵庫県香美町）が映っていないことは明白だ。また、映像は海側から撮影され、海、砂浜、集落、山陰線の列車、背後の山裾が全て同じ画角に収まっているのだが、居組（兵庫県新温泉町）は線路がかなり内陸部を通っているため、このような画にはならない。実際に余部や居組で撮影が行われたどうかは定かではないが、それらの場所では「シナリオ」でイメージしたような映像は撮れなかったに違いない。

映像をよく見ると、「まつかぜ」が走るすぐ奥に大きな寺の瓦屋根らしきものがある。また、手前の集落の海岸近くに、側面から何本かダクトらしきものが突き出て屋上につながっている特徴的な建物が確認できる。半世紀近く前の映像なので、ずいぶん様子が変わっていると思われるが、この二つを目印にGoogle Earth とストリートビューで該当する場所はないか、山陰線に沿って調べてみた。

　すると、一か所だけ、それらしき場所が見つかった。兵庫県新温泉町の諸寄地区である。ダクトの突き出た建物が現存していることが確認できた。特産のかまぼこの工場のようだ。また、線路のすぐ脇に寺があり、あるいは改築されているかもしれないが、瓦屋根の本堂がある。砂浜の半分は駐車場に姿を変えているが、海辺の道路沿いに並ぶいくつかの建物の屋根の方向が一致することもわかった。さらに、集落を海越しに撮影できる岬や防波堤も存在している。これらの情報から、かなりの確率で諸寄である可能性が高いと推測できる。

　そこで、地区にある諸寄基幹集落センターに連絡をとってみた。新温泉町企画課の集落支援員を務める山﨑康行さんに尋ねたところ、諸寄で『砂の器』の撮影があったという話は聞いたことがないそうだ。しかしＤＶＤの映像を見てもらうと、即座に「ウチで間違いない」との返答があった。山﨑さんは懐かしい諸寄の姿に興奮を覚えるとともに、当時の面影がほとんど無くなっていることに改めて驚いたとのことだ。

　続く「鳥取駅ホームで新聞買う今西」のカットでは、カメラがホームの上の看板（駅名標）から振り下ろすとタイミングよく今西が列車からホームに降り、山陰出身者にはお馴染みの「カニ寿し」の図柄を掲げた立ち売りワゴンから新聞を手に取って慌ただしく列車へ戻る。

映画の中で今西は他にも羽後亀田、二見浦、金沢と鉄道を駆使して日本中を歩き回るが、乗換駅も含め、カメラマンは必ずと言ってよいほど駅名を示す看板をカットに入れ込んで撮影している。即物的な表現ではあるが、わかりやすさだけでなく、同じフォーマットを徹底することで、刑事が泥臭く全国津々浦々に足を運ぶ地道な捜査の積み重ねが映像的に表現されているように思う。

ネットで鉄道に詳しい人のブログなどを読むと、この鳥取駅のカットで映っている車両は、実際の特急「まつかぜ」（キハ82）ではなく、急行列車（キハ58）に「まつかぜ」の表示をつけて撮影している、との指摘が複数ある。[8] なるほど、前後のカットで海辺や大山を背景に走る「まつかぜ」とは、車両の形や色合いが明らかに違っている。また列車の車内のカットも特急ではなく急行用の車両を代用したのではないか、さらに撮影されたホームは山陰線ではなく因美線であるとの指摘もされている。

実際『砂の器』については原作の小説を含め、おかしな点がいくつか指摘されているのも事実である。しかし、映画や小説に実際と異なる点、不自然な点が含まれるのは、ある程度仕方がないことで、最近では逆にそういう「ツッコミどころ」を見つけるのが、作品の楽しみ方の一つにもなっているように思える。

「まつかぜ」の件が指摘の通りだとしても、むしろそこが野村・川又コンビのすごいところだとも言える。多くの人が利用する公共交通機関で通常の運行を妨げることなく大がかりな撮影を行うのは、そもそもが至難の業である。当時の国鉄の協力を取りつけ、どこまでほんとうらしく描くことができるか、それこそ『張込み』などで得られた鉄道シーン撮影のノウハウが生かされていたに違いない。

『張込み』では、横浜駅を出る九州行きの夜行急行の最後尾に貸し切りの車両を連結して、そこに俳優と満員の乗客に扮したエキストラ、撮影隊が乗り込んで、実際に九州まで移動しながら車中シーンを撮影したという。そうした過去の経験を踏まえ、この「まつかぜ」のシーンに関しても、いろいろと工夫を重ねて撮影されたものと思われる。

さて、今西は宍道《しんじ》駅（当時・宍道町、現・松江市）の今は廃止された四番ホームで、木次線の列車に乗り換える。奥出雲が近づいてきた。

三両編成の列車は、中国山地の奥深くへ分け入っていく。（**巻頭写真②**）橋本・山田の「シナリオ」では「準急千鳥号」と書かれているが、昭和四六年の設定であれば「急行ちどり」になっていたはずである。詳しくは第三章でふれるが、『砂の器』の映画化の話が最初に持ち上がり、橋本・山田が亀嵩までシナリオハンティング（取材旅行）に出かけて「シナリオ」を完成させたのは、新聞小説の連載が終わった翌年の一九六二（昭和三七）年だった。当時の「ちどり」は準急列車だったので、その時の名残だと思われる。

列車は出雲三成《みなり》駅（当時・仁多町、現・奥出雲町）に到着し、今西は下車する。亀嵩駅の一つ手前だが、亀嵩には急行が停まらないので不自然なことではない。出雲三成の駅舎は建て替えられて現存しないが、駅前に停まっている一畑バスがなんとも懐かしい。**（巻頭写真④）**

地元の警察署で

今西は徒歩で、亀嵩を所管する「三森警察署」に向かう。ほんとうは三成警察署（現・雲南警察署三成広域交番）のはずで、清張の原作でも「三成」とはっきり書かれているのだが、どういう事情があったのか、映画では架空の名前に差し替えられ、建物の正面の看板も「三森警察署」となっている。

建物の外観は、当時の三成警察署のものである。現在の雲南警察署三成広域交番とは違う場所にあったが、建物は現存していない。

「三森警察署」の署長は、今西の来訪に合わせて、かつて亀嵩で巡査をしていた三木のことを知る退職者たちを集めていた。今西は三木が殺された理由につながるような話を聞きだしたいのだが、退職者たちは、三木は「神様」のような人格者で、誰かの恨みを買うようなことはなかったと言うばかりだ。

この警察署内のシーンは、松竹・大船撮影所のスタジオにセットを組んで撮影されたものと考えられる。言うまでもなく、地方でロケを行うのは、基本的にその場所に行かなければ撮影できない実景を映像に収めるためだが、当然ながら俳優、スタッフの旅費や機材運搬の経費に加え、調整などの手間暇が余計にかかる。そのため、ロケでは俳優の人数もできるだけ絞り、室内シーンはスタジオセットでまとめて撮影した方が、多くの場合は効率的なのである。

亀嵩へ

警察署が用意したジープに乗って、今西は亀嵩へ向かう。「川沿いの道（ジープと列車）」のカットでは、険しい山間の川に沿って作られた、車一台がやっと通れるほどの狭い道路をジープが走ってくると、立体交差する木次線の鉄橋の上をちょうどトンネルから出て来た列車が通過する。これ以上ないほどの絶妙なアングルとタイミング。緻密な計算と周到な準備の上で撮影されたであろう珠玉のカットである。

　実は木次線の出雲三成駅から亀嵩駅までの区間には、この画のように鉄橋と道路、川がほぼ垂直に交差する場所はない。Googleマップなどで調べたところ、場所は雲南市木次町寺領《じりょう》、日登《ひのぼり》駅と下久野《しもくの》駅の間で、県道四五号（旧街道の広瀬木次往還）と斐伊川の支流・久野川の上に架かる鉄橋付近だと推定できた。鉄橋が道路と交わる位置に「桁下制限高2・9M」の標識がつけられているのが特徴的である。

　このように、「亀嵩」パートを構成するロケ映像は、実際の亀嵩地区以外の場所で撮影されたカットが少なくない。野村の「演出ノート」には、次の記述がある。

> 亀嵩の土地は、見た人の心のどこかに残るような画で描き、再びその画が出た時に見る人の心を動かすよう、工夫を要する。亀嵩は実際は画になりにくい土地なので、ポジション、撮影時間等、いろいろ計算して描かねばならない。[9]

撮影監督の川又昂も「撮影報告」でこう述べている。

> 亀嵩村ロケは、現代場面（昭和46年）および後半出て来る30年前の昭和18年代の場面共々中々画にしにくい場所でカメラポジションには頭を痛めました。[10]

事前にロケハン（下見）を行った野村、川又には「亀嵩は画にしにくい」という共通認識が形成されていた。プロの映画人として、物語の中の「亀嵩」のイメージをより観客の心に残る、印象的な映像で作り上げるために、撮影スタッフはロケの対象を現実の亀嵩地区だけではなく、木次線沿線の周辺地域にまで広げて、ふさわしい撮影地点を探したのである。

「亀嵩」パートの一つ一つの映像がどこで撮影されたのかを克明に調べている人がいる。亀嵩にある温泉宿泊施設・玉峰山荘の営業プロデューサー、内藤伸夫さんである。内藤さんは当時を知る地元の人たちに聞き取るなどして多くの撮影場所を特定し、玉峰山荘を起点に木次線沿線に点在する『砂の器』のロケ地をめぐるツアーなどを企画、実施してきた。

川沿いを行くジープと列車が交錯するカットについて、内藤さんと一緒に現地を歩いて確認したが、やはりGoogleマップで推定した場所に間違いなかった。ただ、映像は相当高い位置から撮影されている。近くの山から撮影するにしても、展望台のような場所はなく、木々が鬱蒼と生い茂っていて、一見するととても人が登れそうにない。

だが、内藤さんによると、このあたりはかつては炭焼きがさかんだった地域で、山の中にいくつもの炭焼き小屋が作られていた。おそらく炭焼きの人々が小屋へ行き来するための小道があり、撮影隊もそのような小道を使って見晴らしのよい場所に登ったと想像される。

次に出て来る「亀嵩駅」も実際の亀嵩駅ではなく、八川駅でロケが行われたことは「はじめに」で書いた通りである。ジープを運転する若い警官（加藤健二）が助手席の今西に「あれが亀嵩の駅です」と指さす。一連の車内のやりとりはスタジオで撮影し、車窓の実景映像と合成したものと考えられる。

「亀嵩驛」の看板のカットが短くあってから、

寺領の鉄橋（2023年）

駅舎（実際は八川駅）の前に画面上手から屋根に赤色灯を載せたジープがフレームインし、停車する。今西は車から降りることもなく、すぐにジープは立ち去る。看板のカットを入れてもこの間わずか一〇秒ほどである。

小学生の時に八川駅でのロケに遭遇し、今西役の丹波哲郎にサインをもらった思い出がある私は、その後いつの間にか頭の中で勝手にイメージを膨らませていたのだろう。三〇年以上経ってからＤＶＤで改めてこのシーンを見て、あまりの素っ気なさに「あれ、これだけだったか？」と拍子抜けした。だが考えてみれば、亀嵩に入ったばかりの今西が、わざわざ車を降りるほど、駅に関心を持っているはずはないのだ。

ただし「亀嵩駅」は後半の「本浦父子編」のクライマックスの重要な舞台となる。その最初の伏線として、このシーンは無くてはならなかった。

この後、今西を乗せたジープが「亀嵩」の集落を走るカットがいくつか使われているが、内藤さんの調査によれば、これらは雲南市の下久野地区（当時・大東町）で撮影されたものである。詳しくは後述するが、後半の「元浦父子編」でも、観客の胸を打つ印象的な映像の数々がこの下久野で撮影されている。

桐原老人を訪ねる

翌日、今西は被害者の三木が最も親しかったという桐原老人の家を訪ねる。字幕には〈算盤業を営む〉とある。奥出雲特産の雲州算盤の製造を家業にしているという意味である。映像に出て来る「桐原家」は、実際の算盤関係者の家を使って撮影が行われた。当時、亀嵩算盤合名会社の相談役だった若槻卯吉氏の自宅である。[11]

詳しくは第三章で述べるが、同社と『砂の器』の縁は、一九六〇（昭和三五）年に松本清張の原作が新聞で連載された際、読売新聞松江支局を通して方言の校正を依頼されたことから始まったという。

ただし、若槻家で撮影が行われたのは、家

「桐原老人宅」として撮影された家（2023年）

の外観だけ、つまり今西が地元の巡査の案内で歩いて家へ向かうカットまでだった。当初は家の茶室で撮影が行われる予定だったが、直前に屋根の修築を行ったため雰囲気が合わず、取りやめになったという。茶室内のシーンは、松竹・大船撮影所で撮影されたようだ。

桐原老人（笠智衆）もまた、三木を素晴らしい人物だったと褒め称えるばかりで、他人の恨みを買うようなことはないと断言する。困惑する今西。ただ老人は最後に、三木の善行の例として「子供連れの哀れな乞食が村へやってきたので、病気の父親を病院に送り、その子供の面倒を見たり…」と、鍵となる出来事にさりげなくふれている。

このシーンで大いに感心したのは、名優・笠智衆の出雲弁である。笠といえば熊本訛りのイメージがあるが、ここで笠が語る出雲弁は、特徴をよく押さえていて、地元出身の人間が聞いても違和感が少ない。いかにも昭和の奥出雲には、このような口調でしゃべるお年寄りがいたように思う。引き合いに出して申し訳ないが、「三森警察署」のシーンで登場した退職者・安本（花沢徳衛）の台詞回しは、同じズーズー弁のようでも全く出雲の言葉に聞こえない。（どちらかと言えば東北か北関東の訛りに近いのではないか？）

笠の演技者としての資質が秀でていたことは言うまでもないが、それだけではない。野村の「演出ノート」にその秘密があった。

三成よりは出雲弁の配慮を要する。そして桐原老人と逢い、とくにそれを感じさせる事。（そのため笠〈智衆〉さんには早い目に出雲弁の練習をたのむ事）[12]

野村はこの作品における出雲弁の重要性を強く意識していた。そして笠にできるだけ早く練習に取りかかってもらうよう、スタッフに指示を出していたのである。笠は亀嵩のロケに参加せず、茶室のシーンを大船のスタジオで撮影したにもかかわらず、物語がごく自然に流れているのは、やはり出雲弁の力が大きいと言えるだろう。

笠はどのようにして出雲弁を習得したのだろうか。本書の取材の過程で明らかになったことがあるが、それは第四章で述べることにする。

集落で聞き込み

三〇秒ほどのこのシーンは、台詞はなく、映像と音楽、字幕のみで構成されている。雨の中、どこで借りたのか和傘をさした今西が、民家の縁先や田の畔で聞き込みをしている。画面に現れる村人たちは、地元のエキストラだろう。

橋本らの「シナリオ」には、シーン七五として「奥出雲―山峡の亀嵩とその周辺」の小見出しと字幕の内容が書かれているだけで、特に映像の指定はない。ここが雨のシーンになったのは、たまたまロケ期間中に雨が降り、現場で判断して撮影したものと推測される。川又の「撮影報告」には、日本各地を回った父子の旅の一連のシーンのロケに関して、次のような記述がある。

このロケーションに関しては時間的に余裕があったので私のネライ通りの事ができたものと満足しています。しかし八月下旬より行なった一番ヤマ場である山陰ロケは悪天候に災いされ十分な効果を出す事ができなかったのが残念です。[13]

屋外の撮影はふつうは晴れている方が良く、雨は嫌がられるものだ。しかし残念だという川又の思いは別として、この聞き込みのシーンに限って言えば、奥出雲の山村に降る雨の映像が、かえってプラスの効果をもたらしているように思う。刑事の仕事の大変さ、今西の粘り強い人柄、しかし糸口となる情報が得られないどんよりとした気分が、言葉以上に情感として伝わってくるのである。その意味ではまさに「恵みの雨」だったのではないか。

川又は「八月下旬」と書いているが、当時の新聞記事によると、木次線沿線の仁多郡、大原郡で撮影が行われたのは一九七四（昭和四九）年八月二三日から二九日だった。[14]この時のロケ地の天気は実際どうだったのか知りたいところだが、実は島根県で当時の気象データが記録されているのは松江、浜田、西郷だけである。奥出雲の横田など県内の多くの地点でアメダスによる観測が始まったのは昭和五〇年代以降になる。

そこで同じ県東部の松江の八月下旬の天気を調べると、二五日が雨で三五・五ミリの降水量を記録している他、前後の二四日から二七日にかけて曇り時々雨、二八日も曇り一時雨だったようだ。松江の天気とは必ずしも一致しないが、ロケが行われた木次線沿線地域でもだいたい同様の傾向だったと考えられる。川又ら撮影隊の苦労がしのばれる。

駅を訪ねる

事件につながる情報をつかむことが出来ず、今西は渋い表情でジープに揺られている。ジープは鍋の蓋を被せたような特徴的な形の古い石灯籠（常夜灯）の前を通り過ぎる。この石灯籠は後半の「本浦父子編」にも登場する。下久野地区の現在の久野川大橋の近くにあったものだ。撮影当時は橋の北側、県道二五号と県道四五号が交わる交差点の南東の位置に小高い山を背にして建てられていたという。その後、道路の拡張工事が行われたために、今は交差点の北西角に移されている。

下久野の石灯籠（2023年）

ふと何かが目に入り、運転する警官に「あ、一寸」と声をかける今西。ジープはある建物の前まで来て停まる。車から降りた今西が、建物の中に入ってくる。

このカットは建物の内側から今西を迎える形で撮影されている。大きな時刻表が貼られた壁やジープの向こうに見える緑の景色は、私の子どもの頃の記憶に刻まれているものだ。今はだいぶ様子が変わっているが、ここは八川駅に違いない。もちろん物語の中では「亀嵩駅」である。

次のカットで今西は駅のホームに姿を見せる。地元の人々やファンの間ではよく知られているが、ここから後は奥出雲町（当時・仁多町）の出雲八代《やしろ》駅のホームで撮影されている。（**巻頭写真①**）つまり、映像の「亀嵩駅」は、駅舎（正面と内側）は八川駅、ホームと線路は出雲八代駅でそれぞれ撮影を行い、両方のカットを組み合わせて、一つの駅として描かれているのである。

「はじめに」でも書いたが、実際の亀嵩駅が撮影に使われなかったのは「駅の中にそば店が出来たから」と当時から言われていた。(これに関しては、第二章で詳しく述べる。) だがそれだけが理由であれば八川か出雲八代、どちらかの駅で全ての撮影を行えばよかったはずである。それをあえて分けたのは、作品のイメージにかなうベストな映像を撮影するために、どこでどのような映像が撮影できるのか、木次線沿線で綿密にロケハンを行ったスタッフの妥協を許さない姿勢があったからだろう。

そのことに関して、野村は一九八三(昭和五八)年に仁多町で行った講演で次のように述べている。

おそらく土地の方から見れば、亀嵩の駅があっちの駅になってたり、みんなこう、ずいぶん滅茶苦茶になっているという印象。いつでもロケーションすると土地の方にそういうこと言われて「どうしてそのままに撮ってくれないんだ」と言われるんですけども。やはり観るのは土地の人じゃなくて、日本全国といいますか、今言ったように日本だけじゃない全国中のあらゆる人たちがイメージとしてね、話の中の場所として通って来たような印象を受けるような場所を、やはり僕たちは作り上げたいという気

持ちがあるもんですから。（中略）
皆さんが観ていただくとおそらく、何回も観た方はあると思いますけど、いろんな駅を使って亀嵩の駅を作ったり、この辺の住んでいる場所にしても、あっちの村のここの場所であったり、こっちの町のここの角であったり、いろんなものをつなぎ合わせて映画を作っている。これはやはり、今言ったようにイメージとして映画を作り上げる上でのひとつの伝統で、ただ亀嵩というところを印象的につかまえるためにやったことで、土地の方から不満があるかもわかりませんが許していただきたいと思います。[15]

野村によれば、ロケハンのために最初に亀嵩を訪れたのは、ロケをした年の四月頃で、周辺の駅は全部見て歩いたという。

先ほど撮影が八月の下旬に行われたと書いたが、川又は後年「八月頭から亀嵩、島根にゆきました」と語っている。[16]また、雲南市木次（当時・木次町）の老舗旅館、天野館には、監督の野村らスタッフが約一か月宿泊したことがわかっている。おそらく野村たちは四月のロケハンであらかた撮影場所の目星をつけた後、八月初めに木次に入り、沿線でさらなるロケハンと撮影準備を行った。そして、八月下旬に俳優たちを迎え、満を持して撮影を行ったものと推測される。

ところで最初に亀嵩駅の前を通った時には関心を示さなかった今西が、なぜこの時はわざわざホームに立ったのか、理由は全く説明されていない。刑事の勘ということだろうか。野村は「演出ノート」にこう記している。

今西が感じるごとく、この奥出雲まで来て、三木の過去の何もつかめない。しかしこの土地に事件の鍵の何かがある。その印象で亀嵩の駅に立つ。この予感が後で、駅での親子の別れのクライマックスにつながる。宿命というものを感じさせるためにも、このような予感を大事に描きたい。[17]

カメラはホームの駅名標にズームインする。『砂の器』と言えば「亀嵩」というくらい、映画を見た人にその名が強く印象づけられているのは、作品中でこれだけ何度も繰り返して「亀嵩」の文字をアップにして、インプットしているからだろう。

そして何かを予感させながら、シーンは空を見上げる今西の表情で終わる。川又は「撮影報告」でこう書いている。

そういう予感といったものを大事に描きたいためにラストカットの今西刑事のクロー

ズアップにはカメラアングル、太陽光の角度等に十分気を配ったつもりです。[18]

名カメラマン・川又が細心の注意で撮影した、会心のカットというところだろう。映画では、この後さらに今西たちが地道な捜査を進め、少しずつ真犯人とその動機に迫っていく。

(3) 本浦父子編

一〇月二日、警視庁で合同捜査会議が開かれた。冒頭で今西が「蒲田の殺人事件の重要容疑者として和賀英良に逮捕状を請求する」ことを告げる。

ちょうどその時、和賀が新作を発表する演奏会が開催されようとしていた。曲は『宿命』。会場の音楽ホールには大勢の聴衆が詰めかけている。

捜査会議では今西が和賀の隠された生い立ちを語り始める。和賀の本名は本浦秀夫。石川県の山村に生まれたが、昭和一七年の夏、ハンセン病を患った父の千代吉に手を引かれ、村を出て行ったという。当時まだ六歳だった。

一方、音楽ホールではコンサートが開演。ステージに居並ぶオーケストラの前に現れた和賀は、自らピアノを弾きつつオーケストラを指揮し、『宿命』の演奏を始める。その荘重な調べとともに、白装束の巡礼姿の父子が故郷を捨てて放浪の旅をする回想シーンが展開する。

荒波に吹雪が舞い、路傍に無数の氷柱が垂れ下がる厳寒の北国。あんずの花が咲く春の山里。鯉のぼりがたなびく新緑の村。父子は行く先々で物乞いをし、冷たく虐げられながらも過酷な旅を続ける。

やがて父子は奥出雲・亀嵩へたどり着く。ここから映画の最大のクライマックスとなる「亀嵩」パートの「本浦父子編」が始まる。完成した映画には明示されていないが、「シナリオ」では昭和一八年八月、つまり父子が故郷を出て約一年が経過したという設定になっている。[19]

「本浦父子編」は映画の後半、上映時間では一時間五〇分一秒から二時間五分三六秒まで、一五分三五秒にわたって描かれる。ただし、この間に捜査会議のシーンが七回、演奏会のシーンが二回挿入される。

このパートは「亀嵩に来た父子」「三木との出会い」「駐在所で」「千代吉、隔離病舎へ」「三木の説得と川辺の秀夫」「千代吉の出発」「父子の別れ」「秀夫を引き取る」「秀夫の逃

亡」の九つのシーンに整理した。（【図表1―②】参照）

（2）と同様、シーンごとに見て行くことにする。

亀嵩に来た父子

雲の間から夏の日射しが照りつける山間の棚田の一本道を、本浦千代吉と秀夫の父子が歩いてくる。白装束はすっかり土に汚れ、千代吉の足元はふらついている。

続いて、「亀嵩驛」の看板のアップ。ここで観客は、映画の前半、一時間ほどに前に出てきた、あの亀嵩を思い出すことになる。カメラが看板からズームバックすると、「今西刑事編」で今西を乗せたジープが通りかかった亀嵩駅の前に、本浦父子が現れる。画面の上手側に、前半にはなかった石の地蔵の祠がある。その横を通る時、千代吉がよろけて祠の屋根に手をつく。これまでの記述からお分かりのように、このカットは八川駅で撮影されたものである。

次のカットでは、秀夫が引く杖につかまってやっとのことで歩いて来た千代吉が、石灯籠のもとに倒れるように座り込む。特徴的な形の古い石灯籠は、前半で今西の乗るジープが脇を通り過ぎたのと同じものだ。秀夫は近くの水場で手ぬぐいを濡らし、父親に手渡す。

千代吉役の加藤嘉の演技は、少し大げさに見えるくらい体調が悪いことを強調しているが、実はここにも計算があった。映画の終盤で、千代吉が現在（昭和四六年）もまだ生きていることが明らかになるのだが、そこへ向けての布石なのである。野村は「演出ノート」でそのことを書いている。

ここでの最高のショックは今でも千代吉が生きている事である。（原作では死んでいる）そのため亀嵩の別れまでの千代吉は体が弱り、とてもつまいと思わせておく必要がある。[20]

一分余りのシーンだが台詞は全くなく、バックには和賀の演奏会の『宿命』の旋律がひたすら流れている。

三木との出会い

このシーンの直前に、「シナリオ」では村人たちが巡査の三木に、おそらく秀夫が「畑の野菜を盗むのでなんとかしてほしい」と訴えるやりとりが書かれているが、[21]実際の映画ではそのくだりはカットされ、後ろ姿の三木が神社の石段を駆け上がるところから始まる。三木が秀夫の姿を見つけて走り寄ると、秀夫は神社の拝殿の下に逃げ込む。三木が中を覗き込むと、そこには父と子の姿があった。

この場面が撮影されたのは、亀嵩の湯野神社である。一三〇〇年以上の歴史があるといわれる古社で、樹齢四五〇年の大ケヤキがあることでも知られる。映画公開後の一九八三（昭和五八）年一〇月二三日には、原作者の松本清張や監督の野村芳太郎、脚本の橋本忍、出演した丹波哲郎、緒形拳らが招かれ、参道の入り口に『砂の器』記念碑が建立された。

本章の（2）で引用した野村の講演は、記念碑の除幕式に合わせて地元の体育館で行われたもので、この時、清張や橋本も登壇し

湯野神社（2023年）

『砂の器』について語っている。それらについては、後の章でまたふれることにする。

駐在所で

神社のシーンの後、捜査会議のシーンが二〇秒ほど入り、場面は小さな橋の袂にある亀嵩駐在所に移る。（**巻頭写真⑥**）橋を渡って小走りに駐在所に帰ってきたのは三木の妻（今井和子）。中には本浦父子がいて、三木が千代吉にこれまでの事情を聞いている。硬い表情の秀夫に三木が笑いかけ「はよ食えや」と妻に買って来させた饅頭を勧める。こうした具体的な動きや台詞は元の「シナリオ」にはなく、撮影現場で作り込まれたもののようだ。

駐在所は、亀嵩ではなく、前出の下久野の久野川（斐伊川の支流）にかかる橋のたもとに、わざわざ駐在所のセットを造って撮影したことがわかっている。詳しくは第四章で述べるが、橋のたもとにあった農家の建物をいわば「リフォーム」して、駐在所に仕立てたという。

後のシーンでも、この「駐在所」やその周辺が何度か登場している。物語を映像化していく上で、当時の下久野の風景が、作り手たちのイメージに特に合っていたと言えるだろう。

千代吉、隔離病舎へ

再び捜査会議のシーンが短く挿入された後、千代吉を乗せた荷車が三木に伴われ、村の坂道を登ってくる。その後を少し離れて秀夫がついて来るが、三木が手を振り、帰るように指示する。秀夫は憮然とした表情を浮かべ、また距離を置いて荷車の後を追う。このシーンは下久野の小僧谷道と呼ばれる場所で撮影された。

千代吉が運ばれていくのは、村の隔離病舎である。かつて癩《らい》病と呼ばれたハンセン病は「癩菌」による感染症で、発病すると手足の末梢神経の麻痺や皮膚の変化などが起こり、治療法がない時代には体の一部が変形するなど後遺症が残ることもあった。

感染力は極めて弱く、うつりにくい病気であるにもかかわらず、日本では古くから「業病」などと呼ばれ、恐ろしい伝染病であるとの誤解や偏見から、患者は差別を受けていた。

罹患した者は、家の奥座敷や離れで世間から身を隠して暮らしたり、家族に迷惑をかけないよう、千代吉のように放浪の旅に出たりした。こうした人々は「放浪癩」と呼ばれたが、明治になると、その存在が来日した外国人の目に触れることが「国辱」と考えられるようになる。

そして一九〇七（明治四〇）年に「癩予防ニ関スル件」という法律が制定され、放浪患者などの強制隔離が始まる。さらに一九三一（昭和六）年に「癩予防法」が出来ると、全国に新たな療養所が建設され、各県では患者をゼロにする「無癩県運動」の名のもとに、患者を探し出して療養所に送り込む強制収容が進められた。患者を生涯隔離することで、病を絶滅させようという誤った政策のため、その人権は大きく侵害された。[22]

『砂の器』はあくまでもフィクションで、実際に亀嵩に隔離病舎があったかどうかは定かではないが、千代吉が運ばれていくこのシーンの背景には、以上のような事実があったことを知っておく必要がある。

なお、戦後になって治療薬が普及したが、一九五三（昭和二八年）には法律が「らい予防法」に引き継がれ、国の隔離政策は依然として続いた。法律の廃止によって誤った隔離政策がようやく終わったのは、一九九六（平成八）年のことだった。

三木の説得と川辺の秀夫

ここでまた捜査会議。今西の説明によると、いったん亀嵩の隔離病舎に入った千代吉だが、その後、県の衛生部からの指示があり、岡山にある国立の療養所に入所させることになったという。

場面は変わって、亀嵩の隔離病舎。看板ごしに遠くにある洋風の建物がワンカットだけ映る。奥出雲町馬馳《まばせ》（当時・仁多町）にあった医院の建物を、隔離病舎に見立てて撮影したものである。

建物内の病室のシーンは、スタジオで撮影されたものと思われる。ただ、登場するのは千代吉役の加藤嘉と三木役の緒形拳のみで、二人とも奥出雲ロケに参加していることから、例えば医院の一室などを借りて撮影された可能性も排除はできない。

秀夫と別れたくないという千代吉に、三木が強い口調の出雲弁で問う。

「お前、今まで通りにやっちょって、ええと思うちょうのか！」

人情家の三木は心から秀夫の将来を心配し、千代吉に岡山の療養所への入所を促す。先述したように、今から見れば国の隔離政策は間違っていたのだが、当時はそれが疑うべくもない「常識」だった。

続いて『宿命』のメロディーが流れ、山間の川で一人遊んでいる秀夫が画面に映し出される。水面が光るせせらぎで、白いランニングシャツの秀夫が、川の水をすくって砂を固め、器を作っている。「シナリオ」では「斐伊川の川原」となっているが、実際には斐伊川の支流の一つで、下久野を流れる久野川で撮影が行われたことがわかっている。場所は、

久野川(2023年)

現在の久野川大橋のすぐ東側。川の中に堰が二段あり、その下に大きな石があるのが特徴的である。

観客はここで、映画の冒頭、アヴァンタイトルの映像を思い出すことになる。逆光の砂浜で、子どもが砂の器を作っていた。そのシルエットが、風に吹かれてもろくも崩れていく。これから始まる物語の何かを象徴しているような謎めいた映像だった。あの子どもが、秀夫だったのである。この川のシーンで、映像上の伏線が回収されたことになる。秀夫が器を並べている樋のようなものは、竹などを組んで作った小橋で、当時地元の人たちが対岸に渡るために実際に使っていたという。

ところで、映画のロケが行われた時、小学三年生だった私は、『砂の器』とはどういうことなのか、母親に尋ねた覚えがある。「砂で器を作っても、すぐに崩れる。嘘やごまかしで作ったものは、結局ダメになる」というのが、母の解釈だったように思う。

のちに読んだ松本清張の小説に直接『砂の器』に言及した箇所はなかった。タイトルは作品全体を一言で言い表すものだとすれば、作品が描き出した和賀英良という特異な人物の人生こそが『砂の器』なのであろう。

自らの過去を偽り、栄光を手に入れようとしたその時に、隠していた過去と向き合うことを突きつけられ、その人生は崩壊していく。

そうなる運命をまだ知らないはずの七歳の秀夫が、「亀嵩」の川で黙々と砂の器を作っているというのは、こうして文字にするといかにもあざとい感じがする。しかし、映像と音楽は、言葉や理屈を超えて、観客の心にすっと沁みとおる力を持っているのである。

千代吉の出発

続く捜査会議では、三木に諭された千代吉が秀夫と別れて岡山の療養所へ行くのを承諾したことが今西の口から語られる。八月二二日、療養所から派遣された係員が、千代吉を引き取ることになった。

荷台に寝かされた千代吉のアップから、このシーンは始まる。村の隔離病舎へと向かったのと同じ坂道を、千代吉を運ぶ一行が下っていく。前のシーンでは、荷台の上に座っていた千代吉だったが、横になっているのはさらに体調が悪化したからだろう。

また前回は、荷車を押し引きする二人の人夫、それに三木と役場の職員らしき人物が同行していただけだった。それに対し、今度は立派な栗毛馬が仕立てられ、五人が付き添っている。大がかりな搬送は人目を引くので、沿道の村人はざわついているようだ。荷台を覗こうとして、三木に制されている者もいる。

今回は県の衛生部の指示があり、国の療養所から係員も来ているので、荷馬車を雇う経費も認められたと考えれば、物語的にも一応辻褄が合う。ただ、ここで馬を登場させたのは、前のシーンとのメリハリをつけ、より「映える」映像でクライマックスに向けて盛り上げを図ろうという強い演出的な意図があったからだろう。

ちなみに奥出雲には、昔から農耕や運搬のために多くの牛馬が飼育されていた歴史がある。たたら製鉄がさかんだった頃は、鉄の運搬のために、特に馬が重宝された。

例えば、旧・横田町（現・奥出雲町）は中世から規模の大きな牛馬市が開かれていたことでも知られる。一八七五（明治八）年の記録（当時は一町一〇村に分かれていた）によれば、総戸数一八三三（社寺、学校含む）に対し、馬は一二六六頭、牛は八七五頭が飼育されていたという。しかし、旧・横田町が発足した翌年にあたる一九五八（昭和三三）年には、和牛が一九四四頭と増えているのに対して、馬は二七一頭にまで減っている。[23]牛は農耕用の役畜から食用へと利用目的が変わっていったが、馬は自動車や農機具の普及で次第にその居場所を失ったのである。

現在は、畜産を行う農家自体が激減しているが、私の子どもの頃（つまり映画が撮影された頃）には、まだどこの農家にも牛がいて、近所の道を牛が引かれていくのはしょっちゅう見ていた。だが、馬を見た記憶はほとんどない。このシーンの馬が、いったいどこから連れて来られたのか、個人的には気になるところである。

さてこの時、秀夫の姿は駐在所の脇の橋のたもとにあった。その目の前を子どもが二人、何かを叫んで走り抜けていった。後から、父親を乗せた荷馬車がやってくる。秀夫は駐在所に駆け込み、陰に身を隠すようにして一行を見る。気づいた三木が駐在所の前で荷馬車を停め、秀夫がよく見えるように、千代吉の体を抱き上げて起こしてやる。何かに怒っているような、いつもの表情を変えず、強い眼差しで父親を見つめる秀夫。

三木が再び千代吉を横たわらせ、荷馬車が動き出す。お互いを見る父と子。秀夫は一歩だけ表に出て、遠ざかっていく一行を見送る。一瞬、秀夫は腕で顔を拭う。

父子の別れ

ここで演奏会のシーンが挿入される。スポットライトを浴びた和賀がピアノのソロパートを弾いている。甘い調べから、躍動的なフレーズへ曲調が変わると、映像は懸命に走る秀夫の姿を映し出す。石灯籠、川のほとり、木の橋、茅葺の家々、稲穂がそよぐ棚田。秀夫は「亀嵩」の風景の中を、あふれる涙を腕で拭いながら、一心不乱に走る。秀夫が駆け抜ける畦道の脇のトタン屋根の細長い小屋は、秋に刈り取った稲を干す「稲はで」を組む木を収納しておくためのものだ。このあたりの一連の映像は下久野で撮影されている。

「亀嵩駅」のホームでは、千代吉と三木たちが汽車を待っている。秀夫は線路に入り、川にかかる鉄橋（実際は下久野にある）を渡って、なおもひたすら走り続ける。ホームの三木が、線路の彼方から走ってくる秀夫の姿を見つける。それに気づいた千代吉がベンチから立ち上がり、ホームの端に向かってよろめきながら歩きだす。走り込んでくる秀夫。千代吉の胸に飛び込み、父と子はホームで抱き合う。千代吉の目から涙がこぼれる。見守る三木。トンネルから出た蒸気機関車が、警笛を鳴らして駅に近づいてくる。

観客の心を激しく揺さぶるこのシーンは、まさに映画の最大のクライマックスと言える。秀夫が構内の線路を走ってくるカットも含めて、この場面が撮影されたのは、前述の通り、出雲八代駅である。「今西刑事編」の最後に、今西がなぜか「亀嵩駅」を訪れ、ホームに立ったのは、このクライマックスへの伏線であったことは言うまでもない。

また、このシーンには蒸気機関車（ＳＬ）が登場し、堂々たる雄姿と独特の走行音でクライマックスを一層盛り上げている。物語の設定は戦前なので、ＳＬが走るのは当然なのだが、撮影が行われた一九七四（昭和四九）年には、既に木次線にはＳＬは走っていなかった。旅客列車はその五年前、貨物列車も三年前には気動車（ディーゼルカー）に変わっている。私自身は物心ついてから、木次線でＳＬを見たことは一度もない。なので、このカットはどこか他の鉄道路線で撮影されたものと思っていた。

出雲八代駅（2023年）

ところが、秀夫役を演じた春田和秀氏は、映画評論家・樋口尚文氏が二〇一七（平成二九）年に刊行した『「昭和」の子役』のインタビューで、「C12」形のSLを特別に動かし、出雲三成駅を使って撮影を行ったと記憶を語っている。[24]国鉄に働きかけて、当時既に木次線から姿を消していたSLをわざわざ用意して走らせたとすれば、かなり大がかりなオペレーションがなされたことになる。

俄然興味が沸いて調べてみたのだが、そうした撮影が実際に行われたかどうか、今のところ確認できていない。ただ仮に「C12」を使った撮影が実施されていたとしても、その映像は採用されなかったことになる。なぜなら、このシーンのSLの映像に目を凝らすと、機関車の正面のプレートに「D51620」と刻まれているからだ。同車は一九四一（昭和一六）年製で、木次線沿線でロケが行われた一九七四年の夏には、山陰線の浜田機関区に配備されていた。従って、このSLのカットは山陰線で撮影されたものと推定される。そもそも木次線は勾配がきついため、小型で軽量の「C11」「C56」などが運行していた。大型で重い「D51」は走れなかったのである。

撮影監督の川又は、SLは貨物列車だったため、正面からしか撮影しなかったと語っている。[25]この撮影の翌年に「D51620」は廃車となり、その後鳥取県大山町で保存展示されていたが、二〇〇九（平成二一）年に解体された。

ここまで書いてきた「本浦父子編」の一連のシーンについて、監督の野村は、やはりここが映画の一番の勝負どころと考えていたことを「演出ノート」で記している。

このシークエンスでは、癩病院へ行く親子、斐伊川で砂の器を作る所、そして岡山へ送られる親子の別れ、これが思い出のクライマックスにもり上らねばならぬ。ここは演出も、演技も思い切った押し場所である。[26]

秀夫を引き取る

捜査会議では、三木が残された秀夫の養育先を探したが見つからず、子どものいない自分たち夫婦の手で育てる決意をしたことが、今西によって述べられる。

場面は変わって、夕日を浴びた駐在所の前。三木が昔ながらの手動式のバリカンで、秀夫の髪を丸刈りにしていく。この散髪のシーンは、「シナリオ」には書かれておらず、奥出雲でのロケが進む中で足されたものだと思われる。秀夫役の春田氏は前出の樋口氏との対談で、三木役の緒形拳との記憶を語っている。

そうですね、髪を刈るシーンは夕暮れの中だった覚えがあって。バリカンで本当に毛を刈っていただいたんですが、痛いんですよ当時のは。でも、カメラ回ってるから痛いとは言えない（笑）。もちろん緒形さんの演技は素晴らしいですが、刈り方は痛くて（笑）。「ごめんね」って言われながら（笑）[27]

散髪の後、三木夫妻は家の土間でたらいに湯を張って、丸刈りになった秀夫の体を洗ってやる。そして、三人で食卓を囲む。秀夫は白い襟付きのシャツを着せてもらっている。三木たちはさかんに秀夫にもっと食べるように勧める。秀夫は言われるままに食べるが、その表情が緩むことはない。

この入浴と食事のシーンは、ほぼ「シナリオ」に書かれた通りだが、土間も居間もどことなく作り物っぽい感じがする。障子に映る木の影も出来すぎている。地元の民家を借りて撮影された可能性もない訳ではないが、おそらく後日スタジオにセットを組んで撮影されたものと推測する。

秀夫の逃亡

「これほどの夫婦の情愛にもかかわらず、放浪癖が身に着いてしまったのか、あるいは父親を慕ってその後を追ったのか…」

続く捜査会議で今西がこう言いかけたところで、場面は夜のシーンに。風呂敷包みを背負い、襟付きシャツを着た秀夫が駐在所の前に現れ、涙を拭いながら橋を渡って去っていく。すると映像は演奏会に切り替わり、オーケストラを力強く指揮する和賀の姿が映し出される。時空が異なる三つの場面が、ここで目まぐるしく交錯する。

朝を迎えた駐在所では、三木夫妻が慌てふためいている。三木は急いで自転車を走らせ、あの石灯籠の脇を抜ける。村人と行き違うと、自転車を停めて秀夫を見なかったか尋ねている様子。そして、村はずれの山間の細道まで来て「秀夫、秀夫」と大声で名前を呼ぶ。必死に自分を探している三木の姿を、道路脇の斜面の茂みに隠れて、涙を拭いながら見ている秀夫。その表情から、映像は演奏会の和賀にオーバーラップする。物語はエンディングに向けてさらに怒涛の展開を見せるが、これ以降は「亀嵩」の映像は出てこない。

ここまで見てきたように、「本浦父子編」の回想シーンは、捜査会議のシーン、演奏会のシーンと同時進行で描かれているのが大きな特徴である。三つの異質なシーンがまさに三位一体となって展開する画期的な構成を編み出したのは、脚本の橋本忍である。橋本は映画評論家・西村雄一郎氏の取材に対し、その発想のヒントを自身がよく観ていた人形浄瑠璃から得たと語っている。

つまり、右手に義太夫語りがいて、これを警視庁の捜査会議でしゃべっている刑事と見なすんだ。普通はその横に三味線弾きがいるけど、三味線弾きは数を多くして、全部左に置くことにする。これが音楽を演奏するコンサート会場なんだ。舞台の真ん中は、書き割りを背景にした親子の旅。お客は親子の旅を見たければ真ん中を見ればいい。音楽を聞きたければコンサートを見ればいい。解説を聞きたければ、刑事を見ればいい。そういう映画をいつか作りたいという気持ちが早くからあったわけ。すべてが同時進行。その構成に決めてからは、シナリオは意外と早くできた。あれは人形浄瑠璃を面白がって見たひとつの所産じゃないかな。[28]

そのことを踏まえて「本浦父子編」の「音声」に注意を向けると、俳優の台詞を聞かせる部分は極力減らしていることに気がつく。ふつうのドラマのように、台詞中心で物語が展開するのは、駐在所で三木が千代吉から事情を聞くシーン、隔離病舎で同じく三木が千代吉を説得する場面くらいである。

実音（効果音）についても同様で、例えば千代吉が荷馬車で運ばれる場面では、荷車が砂利道を進む音や橋を渡る音など、効果音のスタッフが二晩徹夜して音入れを行ったものの、監督の野村が「やはり、ここは音なしで行こう」とボツにしたという逸話を、後年川又が語っている。[29]

状況の説明は専ら捜査会議の今西が行い、後は出来るだけ演奏会の音楽をバックに映像のみで展開するよう工夫されていて、最後の「秀夫の逃亡」のシーンでも、三木夫妻の会話、三木と村人とのやりとりは全て実音が消されている。唯一、最後に自転車で追ってきた三木が「秀夫、秀夫」と叫ぶ声だけを生かすことで、それがあたかも演奏会のステージにいる和賀の脳裏に、今も生々しく残っているような印象をもたらしている。

以上、ここまで映画『砂の器』の二つの「亀嵩」パートがどこでどのように撮影され、映像の中の「亀嵩」はどのように描かれたのか、シーンを追って見てきた。

映画の製作陣は、入念なロケハンと周到な準備によって、広く木次線沿線に撮影対象を広げ、構成、演出、編集にも工夫を凝らして、観客の心に強く刻み込まれる「亀嵩」のイメージを作り上げた。伝説の名シーンの陰には、木次線沿線の風景が持つ力と、それを最大限に引き出したスタッフたちのプロならではの技と計算、そして作品にかける熱い思いがあったのである。

1 一九六〇（昭和三五）年に発表された松本清張の原作小説では、「五月一二日」となっている。年は明記されていないが、おそらく新聞に連載されていた昭和三五年頃の設定だろう。
2 小説では、「昭和一三年六月」となっている。
3 シナリオは準備段階から何回も書き直されているが、ここでは映画公開後に発表された次の資料を完成稿と見なし採用した。橋本忍・山田洋次「砂の器」（シナリオ作家協会・編『年鑑代表シナリオ集 一九七四年版』、ダヴィッド社、一九七五）
4 野村芳太郎「日本列島の四季を追って〔『砂の器』〕」（野村芳太郎『映画の匠 野村芳太郎』、ワイズ出版、二〇二〇、初出：「シナリオ」一九七五年一月）
5 川又昂「松竹作品『砂の器』撮影報告」（『映画の匠 野村芳太郎』、初出：「映画撮影」一九七五年一月）
6 4に同じ
7 3に同じ
8 このことに言及しているものとして、例えば次のブログがある。
・『まじの巣』http://maji3.air-nifty.com/su/2021/01/post-18c6d1.html（二〇二三年八月閲覧）
・『The fool on the web』https://foolontheweb.net/node/1382（同）
・『大阪 堺・松原の看板屋 スマイル☆サイン日記』https://ameblo.jp/dmh17c/entry-12497786036.html（同）

9 4に同じ
10 5に同じ
11 亀嵩算盤合名会社ホームページ
https://kamedake.com/resource_center/suna/index.html （二〇二三年八月閲覧）
12 4に同じ
13 5に同じ
14 山陰中央新報 一九七四年八月二四日付
15 『砂の器』記念碑建立時の講演（於・仁多町体育館、一九八三年一〇月二三日）。なお「全国中」は「全世界」の意味だろう。野村はこれより前に『砂の器』が海外でも映画祭などで上映され、外国の観客も涙を流していたというエピソードを語っている。
16 白井佳夫・川又昻「松本清張の小説映画化の秘密」（『松本清張研究』創刊号、砂書房、一九九六）
17 4に同じ
18 5に同じ
19 3に同じ（シーン163 捜査会議）
20 4に同じ
21 3に同じ（シーン167、168、169）
22 厚生労働省中学生向けパンフレット『ハンセン病の向こう側』（二〇〇八）など参照
23 『横田町誌』（一九六八）
24 樋口尚文『「昭和」の子役』（国書刊行会、二〇一七）
25 『DVDBOOK松本清張傑作映画ベスト10 第1巻 砂の器』（小学館、二〇〇九）
26 4に同じ
27 プロマックスホームページ「砂の器シネマ・コンサート開催記念特別インタビュー後編」https://www.promax.co.jp/sunanoutsuwa/interview02.html（二〇二三年八月閲覧）
28 西村雄一郎『清張映画にかけた男たち』（新潮社、二〇一四）
29 25に同じ

第二章　一九七〇年代の木次線と地域

（1）なぜ駅にそば店ができたのか

映画『砂の器』の撮影が木次線沿線で行われた一九七〇年代は、現在まで百年以上続く木次線の歴史の中でも、とりわけその姿が大きく変わろうとしていた時代だった。

その象徴が『砂の器』で父と子の感動的なシーンの舞台として描かれた「亀嵩駅」である。前章で述べた通り、映画では八川駅と出雲八代駅を「亀嵩駅」に見立ててロケを行っている。では、スクリーンに姿を現すことのなかった現実の亀嵩駅は当時どのような状況にあったのだろうか。まずはそこから、七〇年代の木次線と沿線の姿を探ってみたい。

駅の名物は出雲そば

島根県奥出雲町の北東に位置する亀嵩地区。その中心部から南西に三キロほど離れた場所、国道四三二号沿いに木次線の亀嵩駅がある。

山を背にした小さな木造駅舎の出入口には、紺地に白文字で右から「亀嵩驛」と書かれた戦前風の看板が掲げられている。映画『砂の器』で本浦父子が亀嵩にたどり着く場面で、

亀嵩駅(2023年)

駅舎の屋根上にあった看板と同じものである。八川駅でのロケで使用したものを、撮影後に譲り受けたのだという。

それだけではない。駅の正面には「奥出雲名物／亀嵩駅の手打ちそば／扇屋」と書かれた縦長の看板、漫画風の亀のキャラクター看板、それに警察官が描かれた記念撮影用の顔抜きパネルも置かれていて、人目を引く。山間地のローカル線にありながら、亀嵩駅は駅舎の中に本格的なそば店があるユニークな駅として知られている。物珍しさも手伝って、テレビや新聞、雑誌などでもしばしば取り上げられてきた。

駅に入って右手のスペースがその店「扇屋そば」である。テーブル席と小上がりで三〇人ほどが入れる広さ。国鉄時代は駅の事務室だった。壁を見渡すと、所狭しと飾られたサイン色紙の数に圧倒される。多くはテレビ番組の取材などで訪れたタレントや著名人が書いたもので、おそらく一〇〇枚は下らないだろう。

店の奥の厨房は、かつては泊り勤務の駅員が寝泊まりする宿直室だった。そこで手打ちで作る名物の出雲そばを目当てに、県内外から大勢の人たちが駅を訪れる。特に秋の新そばの時期などは、休む暇もないくらいの忙しさである。亀嵩駅の乗降客の数は、国土交通省の統計データによると、一日平均三〇人（二〇二一年度）だから、駅にそばを食べに来る人の数が鉄道を利用する人を上回る日も珍しくない。

そんな亀嵩駅の単線ホームに、午前一一時一分、備後落合方面行きのトロッコ列車「奥出雲おろち号」が停車する。毎年春から秋にかけて、週末や行楽シーズンを中心に一日一往復している木次線の観光列車である。一九九八（平成一〇）年から運行を開始し、全国から訪れる旅行者や沿線住民に親しまれてきたが、車両の老朽化を理由に二〇二三（令和五）年をもって役目を終えることが決まっている。

観光客や鉄道ファンでいっぱいのトロッコ車両を、ホームで出迎える人がいる。停車中の列車の窓ごしに、予約していた乗客に「そば弁当」を手渡しするのは、扇屋そばの二代目店主、杠《ゆずりは》哲也さん（一九六二年生まれ）である。そば店を営業しながら、亀嵩駅の管理者、いわゆる「駅長」も兼ねている。杠さんが父親が始めたこの仕事を引き継いでから三〇年以上になる。

開業は映画ロケの前年

杠さんの父、隆吉さんが亀嵩駅の駅舎内でそば店を開いたのは一九七三（昭和四八）年、『砂の器』のロケが行われる前年のことだった。開業に至った経緯は、一九八〇年代に中国新聞が中国山地に暮らす人々を取材した連載記事をまとめた『新中国山地』（一九八六年）の中で詳しく紹介されている。

それによると、隆吉さんと亀嵩駅との関わりは店を始める二年前、一九七一（昭和四六）年にさかのぼる。この年、亀嵩駅は駅長以下四人の駅員がいなくなり、無人駅となった。駅の無人化に関する詳細は後で述べるが、この時、国鉄から駅での切符販売などの業務を委託された仁多町（現・奥出雲町）が、地元で農業を営んでいた隆吉さんを管理者として雇用したのである。月二万円の手当の他、切符を一枚売ると一枚分が隆吉さんの収入となった。

隆吉さんは二年間、農業の傍ら駅に通った。小荷物の取り扱いも行い、特産の雲州算盤なども鉄道で出荷していた。やがて隆吉さんはいつもガランとしている駅事務室のスペースを何かに利用できないかと考えるようになる。その頃、駅から一キロほどの場所に製粉所があり、製品のそば粉を鉄道便で送っていた。隆吉さんは駅事務室にテーブルや椅子を置き、そば店を始めることを思いつく。当時も都市部の大きな駅では構内に飲食店や売店があったものだが、ローカル線の小さな駅で、しかも駅の管理者が店長を兼ねてそば店を営業するというのは、非常に先進的な事例だったと思われる。

製粉所ではそばの香りが立つように、昔ながらの水車でそば粉を引いていた。その粉を使って、隆吉さん自らがそばを手打ちし、奥さんが出汁を作った。そば粉が九割の自慢の出雲そばは、「腰がつよくてうまい」と評判を呼んだ。駅の真ん前を通る国道を利用するトラックなどが立ち寄るようになり、そのうちに松江などからわざわざそば通が食べに来るなど、店は軌道に乗り出した。

中国新聞の取材が行われたのは映画『砂の器』が公開された一〇年後だが、この頃も店には多い時で一日五、六〇人の客があった。映画を観たという若い世代の客が全国から来ていて、店に置かれた「落書き帳」にメッセージを書き残していた。若い客の多くは木次線ではなく、自動車で駅を訪れていたという。[1]

少年時代の駅の記憶

現在の店主兼駅長の杠哲也さんに、父の隆吉さんが亀嵩駅の仕事を始めた頃の記憶を尋ねた。

隆吉さんが亀嵩駅の仕事を始めた一九七一年当時、自宅は駅から五〇メートルほどの場所にあった。国鉄から委託を受けた町が駅の管理者を探す中で、地元の自治会で推薦してくれる人もあり、隆吉さんが引き受けることになったという。隆吉さんは農業を営んでいたが、臨時雇いで保線の仕事をした経験もあったそうだ。

その頃、杠さんは小学生だった。日中は両親が亀嵩駅に常駐するようになったため、おのずと駅で過ごす時間が多くなった。杠さんはこう振り返る。

学校から駅に帰ってきたり、夕方（両親の）業務というか、仕事が終わるまでは駅で生活をしたり、それが終わったら（自宅に）帰るみたいな。なので、自宅から学校に行き、駅に帰ってくるみたいな、そういう生活だったかな。遊び場だったり、生活の拠点が駅だったという感じだったですかね。[2]

駅舎の脇にはちょっとした広場があった。現在は自転車置き場や自治会の集会所が建っているが、当時は国鉄の土地で、かつて木炭などの貨物輸送がさかんだった時代には、貨車に載せる荷物の積み替え作業などに使っていたそうだ。杠さんは、その広場でよく近所の子どもたちとキャッチボールや草野球をして遊んだ。

もう一つ、杠さんが記憶しているのは、放課後の駅で、貨物列車に荷物を積み込む手伝いをしていたことである。今は宅配便などトラック輸送が物流のメインになっているが、当時はまだ国鉄の貨物が陸上輸送の主力を担っていた。亀嵩には算盤会社や繊維工場、そば粉を扱う製粉所などがあり、午後四時頃に上りの貨物列車が出るのに合わせて、県外に出荷する多くの製品が駅に持ち込まれた。杠さんは、父の後について荷物の受付をしたり、重い荷物を貨車まで運んで積み込んだりする作業を手伝っていた。

今、(店の)テレビの下、壁になっていますが、あそこに荷物の窓口みたいなのがあって、ここまで外から持ってこられると、そこで受付をしたものをちょっと片方に置いておいて、列車が来る時にはそれを一気に運ぶみたいなね。そういう作業は当時ありましたね。けっこう多いし、重たい荷物、亀嵩算盤とか。その当時、荷物を発送されてたのが亀嵩算盤と三沢織維っていう繊維工場があるんですよ。いずれも一つの中身が重たいし、大きかったんですよね。そば粉もそうなんですよ、そば粉も二〇キログらいは入れておられたけん。みかん箱一つとか、それだったら一〇キログらいかな。もうちょっと大きいものも発送しておられたので、二〇キログらいとかね。なので、結構それぞれが重たいし、大きい包みになりますよね。繊維関係の荷物とか、算盤とかもね。なかなか重労働だった記憶があります。[3]

杠さんの記憶によると、繊維は大阪方面、そば粉は東京、大阪への発送が多かった。特産の雲州算盤は段ボール箱で一度に五箱ぐらい持ち込まれ、全国各地に送られていた。「読み書き算盤」という言葉があるように、日本では江戸時代から初等教育として子どものうちに算盤を習い覚えるのが当たり前だった。ところが一九七二（昭和四七）年にミニサイズの電卓が発売されて大ヒットし、それをきっかけに電卓が一気に普及する。算盤はやがて電卓に取って代わられることになるが、この頃はまだ日本中の多くの家庭や職場で、計算の道具として広く使われていたのである。

映画には関心がなかったが…

杠さんが小学五年生の時、父の隆吉さんが亀嵩駅でそば店を開業した。商売を始めることについて特に父親から話はなかったそうだが、哲也さんはそば弁当の配達など、店の仕事を自分から手伝うようになった。親に「あれせえ、これせえ」と言われることはなかったが、店には自分にも出来る仕事があり、手伝うのは嫌いではなかったという。

翌年、映画『砂の器』のロケが木次線沿線で行われた。しかし、杠さん自身は当時映画や俳優に全く関心がなく、どこで何が行われているかも知らなかった。亀嵩の中心部では湯野神社などでロケが行われたが、亀嵩駅も杠さんの自宅も中心部からかなり離れているため、ロケの雰囲気も伝わってこず、見物に行くこともなかった。またロケが行われる前に、亀嵩駅を映画のスタッフが下見に来た記憶もないそうだ。

やがて映画が公開されて大評判になり、一九八三（昭和五八）年には原作者、松本清張が揮毫した『砂の器』の記念碑が、湯野神社の前に建立された。亀嵩駅のそば店にも、清張をはじめ記念碑の除幕式に参加した俳優やスタッフが訪れ、サイン色紙を残している。

そして実際の駅はスクリーンに登場しなかったものの、亀嵩駅には映画の公開から半世紀近く経った今も、全国各地から絶えることなく『砂の器』のファンが訪れている。少年時代は全く関心を持たなかった杠さんだが、『砂の器』を目的に駅を訪れる人たちと接するたびに、この映画が持つ力のすごさを実感するようになったという。

何回も小説を読んだり、DVDを見たり、そういうことをして亀嵩を訪れるみたいな。自分が主人公にでもなるかのように亀嵩を訪れるっていう感じですね、極端に言えば。(中略)「三十年思って初めて来た」とか、結構そういう長い期間、亀嵩に来よう来ようと思っている方が多いですね。小さい頃に、若い頃に小説を読んだ、映画を観た。それから興味を持ってて、いつかは行ってみたい、そのいつかが二十年、三十年、四十年ぐらい自分が歳をとって初めて訪れることができたっていうね。そういう方、「一回でいいけん、行ってみたかった」という人と、あとは「若い頃に亀嵩を訪れた、もう一回行きたいなって、また来たんだわ」という方もおられるんですよ。死ぬまでにもう一回行きたかったたっていう人、いろんな方がね。すごいところなんだなって思ってね。[4]

最近は新作映画やテレビドラマ、アニメなどが話題になると、作品の舞台やロケ地を訪ねる「聖地巡礼」がブームになるが、中には一過性に終わるものもある。だが『砂の器』の「亀嵩」に関しては、映画を観た人の心の中で何十年もの長い歳月をかけて、描かれた土地への思いが募り、深まっているのである。都会から見れば交通の便が決して良くない遠隔地、山間地だからこそ、そうなるのかもしれない。

『砂の器』に関心を持って来てくれる人たちの期待に少しでも応え、満足して帰ってもらいたいと、亀嵩観光文化協会の会長も務める杠さんは、地元の仲間たちとともに、ロケ風景の写真を集めた展覧会を開くなどの取り組みを行っている。

亀嵩駅の待合室でも『砂の器』のＤＶＤを再生するようになった。つい最近も、昼過ぎの列車に乗って一人で訪れた県外からの女性客が、宿にチェックインするまでの間、二時間半近くある作品を最初から最後まで熱心に観て行ったという。

話を戻すと、この亀嵩駅のそば店に代表されるように、『砂の器』が木次線沿線で撮影が行われた一九七〇年代は木次線の姿が大きく変わった時代だった。そこに至るまでにはどんな経緯があったのか。そして、そもそも木次線とは地域にとってどういう存在だったのか。遠回りになるが、その歩みを振り返る。

(2) 木次線 激動の歩み

生みの親はたたら鉄師の跡継ぎ

私が通っていた奥出雲町の八川小学校は、木次線の線路のすぐ脇にある。その隣、現在は幼児園がある場所に、以前は中学校があった。私が小学校に上がる前年(一九七一年)に町内の他の中学校と統合されて廃校になり、校舎はやがて取り壊されたが、体育館の建物とグラウンドは私が小学校に通う間はそのまま残っていた。高学年の頃は、放課後や休日にこの旧中学校のグラウンドに集まって、同級生たちと草野球に興じたものである。

そのグラウンドと小学校との間に、当時は庭園風に緑を植えた一角があり、小高い築山の上に和服姿で杖を手にした厳めしい人物の像が立っていた。子どもたちは「銅像」と呼んでいたが、実際にはコンクリート製のようである。台座も合わせると、高さは三メートルを超えるだろう。私たちはよくこの場所で缶蹴りなどをして遊んだが、鬼から隠れるのに像の台座の裏側は格好の場所だった。

台座の銘板には「絲原武太郎君像」と刻まれている。題字は、松江出身で大正・昭和に二度総理大臣を務めた若槻礼次郎によるものだ。銘文には数々の功績が記されているが、その中に「簸上鐵道」の文字がある。この人物こそが、木次線の前身、簸上《ひかみ》鉄道を作った絲原家一三代当主、絲原武太郎である。

仁多郡奥出雲町大谷雨川の絲原家といえば、地元で知らない人はいない名家である。江戸時代初期の一六三三（寛永一〇）年に初代が奥出雲の地でたたら製鉄を始め、以来二八〇年にわたって代々「鉄師」としてたたらの経営に携わった。

八川の絲原武太郎像（2023年）

たたらとは、粘土で作った炉の中に砂鉄と木炭を交互に投入し、三日三晩燃焼させることで鉄を作り出す日本古来の製鉄法である。原料となる砂鉄の他に、大量の木炭が必要になるため、森林資源が豊富な中国山地でさかんだった。

一八世紀以降、松江藩が鉄師の数を制限し、経営の集中、強化を図る政策をとったこともあり、絲原家は大きくなっていく。「鉄山」と呼ばれる広大な山林を所有し、田部家、櫻井家と並んで松江藩の「鉄師筆頭御三家」に数えられるほど富を築き上げた。

たたらで働くのは、工場にあたる「高殿」で炉の操業に直接携わる技術者だけではない。鉄を製品に加工する鍛冶場の職工、木材の伐採、炭焼き、製品の運送など、関連する仕事は多岐にわたっており、絲原家など鉄師は多くの労働者を養うことになる。また地域の農民たちは地主である鉄師の水田を小作する他、「鉄穴《かんな》流し」と呼ばれる砂鉄の採取を農閑期の副業にしていた。

一八七六（明治九）年の記録によれば、当時絲原家が雇用していた従業員は三九三人、農民など臨時の日雇いは五三〇人。製品の割鉄を松江まで運送する駅場人員は二六三人（馬士二〇七人、船頭五六人）に上ったという。[5]

鉄師は製鉄だけでなく、地域の農業、林業、畜産業をも支える存在であり、人々から畏敬の念を込めて「だんさん」と呼ばれていた。

さて、絲原家の一三代・武太郎は、実は奥出雲の生まれではない。斐伊川をずっと下った下流に広がる出雲平野の一角、出雲郡原鹿村（現・出雲市斐川町原鹿）の地主・江角家の次男として一八七九（明治一二）年に生まれた。元の名を徳次郎といった。

学生生活を送ったのは、東京である。正則中学（現・正則高等学校）で学び、卒業後は商業高等学校（現・一橋大学）へ進学した。ところが、在学中に養子縁組の話が持ち上がり、一九〇一（明治三四）年に学校を中退。東京を後にして、奥出雲の一二代・絲原武太郎の養子になった。そして簸川郡平田町（現・出雲市平田町）の実業家、木佐徳三郎の五女・律を妻に迎える。[6]

当時の絲原家は、かつてない苦境に立たされていた。島根県のたたら製鉄は明治一〇年代には全国の鉄の生産量の五割を占めるほどの隆盛を誇っていたが、海外から安価な洋鉄が輸入されるようになり、また国内でも鉄鉱石を原料とし洋式高炉を用いる近代製鉄が本格化すると、次第に存在を脅かされていく。海軍からの発注などで一時的に需要が増えることもあったが、衰退の流れは止まらなかった。

そうした中で、一九一一（明治四四）年、養父の一二代・武太郎が亡くなる。三二歳の徳次郎が一三代・武太郎を襲名し、家督を相続。困難なかじ取りを迫られることになった。何代にもわたってたたらのさまざまな仕事を担ってきた多くの労働者や、冬場の砂鉄採取の仕事で生計を立ててきた農民たちの暮らしが、その肩にかかっていた。

地域の生き残りのために、一三代・武太郎が活路を見出そうとしたのは、製鉄から製炭への転換だった。たたら製鉄の燃料用に作っていた木炭を商品化し、市場に売り出そうというのである。たたら用の木炭はいわば工業用で、黒炭と呼ばれる粗悪なものだったが、一般向け商品として消費者に受け入れられるよう、他の地域から優れた技術を導入して品質改良を図った。また、阪神地方に担当者を派遣するなど市場の調査も行った。[7] そして、起死回生の切り札となったのが、鉄道だったのである。

地域の命運をかけた鉄道建設

鉄道建設は養父の一二代・武太郎が生前やり残した仕事の一つでもあった。日本で最初の鉄道が東京・新橋と横浜の間で開通したのは一八七二（明治五）年。明治二〇年代には、全国で鉄道建設ブームが起きた。

島根県で最初に鉄道を求める公的な動きが起こったのは一八九二（明治二五）年。県会が陰陽連絡鉄道線を求める決議を行い、内務大臣に提出した。島根県東部の安来—母里（現・安来市）—赤屋（同）を経由して鳥取県の境港から岡山県の倉敷まで結ぶ構想だった。その後も県会は毎年のように決議を繰り返す。こうした運動もあって、国は一九〇〇（明治三三）年になって鳥取県西部の米子を拠点に山陰線の建設に着手。一九〇八（明治四一）年四月に米子—安来間、一一月に安来—松江間が開通し、ようやく島根にも鉄道の時代が訪れた。[8]

この動きとは別に、一二代・武太郎は明治二〇年代の後半、島根・広島の有力者たちと、松江と広島を結ぶ「両山鉄道」（「両山」は「山陰山陽」の意味）の構想を進めていた。同時期に出雲大社がある杵築《きづき》（現・出雲市）と米子を結ぶ「大社鉄道」の建設を計画していたグループと合体し、一八九六（明治二九）年に大社両山鉄道株式会社を設立。杵築—赤江（現・安来市）間、赤江—米子間、および広島—米子間の実測を終え、政府の建設許可も下りた。しかし、日清戦争後に発生した恐慌のため、計画は頓挫。会社は解散を余儀なくされた。[9]

養父が亡くなった翌年の一九一二（明治四五）年、その遺志を継いだ一三代・武太郎は、大原郡大東町（現・雲南市）の実業家で、九歳年下の木村吉郎（後に小左衛門と改名。衆議院議員となり農林大臣などを務める）らとともに改めて鉄道建設に動き出す。この頃既に国鉄の山陰線が開通していた宍道（八束郡宍道村、現・松江市）と木次（大原郡木次町、現・雲南市）を結ぶ計画である。

二人の青年は地元の「だんさん」たちを説得、高岡直吉県知事とも議論を重ね、松江の商工業者との連携も深めた。雲南地方（大原郡、飯石郡、仁多郡）や松江を中心に五四人の発起人と資本金六〇万円を集め、一九一四（大正三）年に簸上鉄道株式会社を設立。武太郎自らが社長に就任した。

会社は直ちに実測や用地買収を行い、翌年には着工。それからわずか一年で宍道―木次間二一・一キロの線路敷設を完了した。そのスピードに住民たちは目を丸くし、国鉄関係者も「アッパレ」と称賛したという。[10]

それほどまでに鉄道を必要とし、開業を急いだ背景には、山深いこの地方ならではの切迫した状況があった。現在では想像できない

簸上鉄道開業時の木次駅周辺(1916年)
写真提供/木次線利活用推進協議会

くらい、当時の山間部の交通、物流事情は劣悪だったのである。
集落をつなぐ山道は細く険しく、路面は凸凹で雨が降るとぬかるんだ。陸上の交通手段は徒歩か馬しかなかった。雲南地方では、荷車は明治二〇年代、荷馬車は明治の末になってようやく登場したという。[11]

斐伊川の中流部に位置する木次は、昔から雲南三郡と松江、出雲を結ぶ中継点として栄えたが、明治以降も米の輸送には川船が使われていた。川を下るときはよいが、上る時は乗客と荷物を乗せた三艘の船をつなぎ、先頭の船に綱をつけて川岸の馬に引かせる、または三人の船頭が引っぱって歩かなければならなかった。[12]

奥出雲の絲原家の鉄も、馬と川船を使って斐伊川の支流から本流、宍道湖を経由して松江に出荷していた。そのため運送コストがかなりの負担になったという。[13]

簸上鉄道会社の設立にあたって書かれた「敷設趣意書」は、こうした事情を切々と訴えている。

多年交通運輸機関の設備を欠くが為め奥部に於ては概ね人肩馬背を借りて遠隔の地に運搬し（中略）僅かに需要供給を充たすに過ぎざる事情にして人文物資は之が為め開発遅々として進まず自然の状勢として時代の要求に順応する能わざる（中略）生産物

の輸出及び需要品の輸入とも遂に運賃に左右せられ郡民は物品を高価に需め物産を廉価に売るべく二倍の損失を忍ばざるを得ざる窮境に沈めり[14]

（原文の旧字を新字に、カタカナをひらがなとした）

交通、運輸の手段がないために、文化的にも経済的にも地域の開発が遅れ、時代から取り残される恐れがあり、また物を買うにも売るにも輸送コストがかかるため、この地域の住民は「二倍の損」をしているというのである。さらに「敷設趣意書」は、雲南地方は出雲の国の宝庫といわれるほど豊かな土地で、鉄鋼、森林、牛馬、薪炭、石材、三椏、楮などが無尽蔵にあるにもかかわらずこれらが死蔵されてしまうこと、道路は県がいくら金をかけて修理してもすぐに損壊することなどを挙げて、簸上鉄道はこの地方を発展させる上でどうしても必要だと説いている。

簸上鉄道の誕生と成功

一九一六（大正五）年一〇月一一日、簸上鉄道は開業の日を迎えた。宍道駅の構内には黒山の人だかりができ、一番列車を祝福の「バンザイ」で見送った。各駅には歓迎のアーチが建てられ、日の丸を持った小学生や住民たちでどこも大変な騒ぎだったという。一九六七（昭和四二）年の島根新聞（現・山陰中央新報）の連載記事に、簸上鉄道の建設工事に携わったという人が開業当初の様子を回想した手記が紹介されている。

「鉄道のもの珍しさも手伝って近所の人はもとより、奥地からも試乗や見学の小学生や一般の人たちで賑った。なかには鉄道について全く無知の人もあった様で、発車間際にかけつけ、首にかけていた黄色い財布から小銭を出して〝少し足りないが負けてごしなはれ〟といって出札番を苦笑させもした」[15]

簸上鉄道を走る汽車
写真提供/木次線利活用推進協議会

開業直後には、陸上大会に参加する県内の旧制中学の生徒などを鈴なりに乗せた列車が峠を上る途中で止まってしまうアクシデントが発生。生徒たちが一斉に線路に飛び降り、列車を押して動かしたというエピソードも残っている。[16]

開業時の体制は、重役、本社員、駅職員、機関区、保線区を合わせて九四人。蒸気機関車三両、客車五両、貨車二七両(客車二両、貨車三三両とする資料もある)を所有し、宍道—木次間を片道一時間五分から一〇分かけ、一日六往復した。料金は大人並等が三九銭、特等六〇銭、子どもは半額。定期券は六か月で六割引き、学生は八割引きとした。[17]

また六月には、食堂つきの「ホタル列車」を運行。大東町を流れる赤川の鉄橋にさしかかると列車が灯りを消して徐行した。当時は今では考えられないほど多くのホタルがいて、球状になったホタルの群れがあちこちに浮かび、その群れ同士がぶつかってパッと光が散る「ホタル合戦」が見られたという。[18]

簸上鉄道は地域住民の新しい足となり、往来を活発にすると同時に、雲南地方の物流にも革命をもたらした。奥出雲の産物は、木次まで荷馬車で運び、そこから貨車に積んで輸送した。線路は国鉄と同じ規格を採用していたため、そのまま山陰線を経由して遠方の都市部にまで一度に大量の物品を送れるようになり、輸送コストは大幅に下がった。木次の町には荷馬車を生業とする人が増え、荷動きがさかんになった。

絲原家では、鉄の代わりに力を注いでいた木炭を鉄道で東京まで出荷し、池袋駅に直売所を設けて関東市場に売り込んだ。学生時代から東京生活を経験し、その市場の大きさを肌で知っていた一三代・武太郎ならではの発想だったのかもしれない。

鉄道自体の営業成績も好調で、二年目以降は黒字が続き、増資や新しい車両の購入を行った。一九六〇（昭和三五）年、ちょうど小説『砂の器』が新聞に連載されていた頃、八一歳になった絲原武太郎は、国鉄の広報誌『トラベルグラフ』のインタビュー記事で当時を回想している。営業的な成算があったのかと問われ、武太郎は次のように答えている。


いや、確信は全然ありませんでした。ただ、一刻も早く鉄道をつけ、奥地の山林を開発したい一心でした。……ところが営業を始めてみると、意外に成績がいいのです。将来を考えて、ゲージを国鉄と同じにしましたため、貨車を積みかえなしで運べたのが成功の大きな原因でした。おもに木炭を東京と神奈川に送っては、岩手木炭と大いに競争したものです。それで一年後には黒字になり、五分から一割の配当をしました。[19]

簸上鉄道の誕生は、想像をはるかに超える恩恵を地域にもたらした。そのことが、人々をさらなる夢の実現へと駆り立てて行く。

困難を乗り越え全線開通

簸上鉄道が開通して二年後の一九一八（大正七）年、新たな動きがあった。絲原武太郎とともに簸上鉄道を立ち上げた木村小左衛門らが三葉自動車株式会社を設立、木次と広島県の三次を結ぶ乗合バスの運行を始めたのである。島根県に自動車が入ったのは明治の末で、この時点でもまだ県内には一二台しか走っていなかった。三葉自動車は当時日本最大と言われたイギリス製の一六人乗りバスを導入し、木次—三次間を一日一往復、片道三時間半かけて結んだ。鉄道とバスを乗り継ぐことで、初めて松江—広島間を乗り物で行き来することが可能になった。当時は片道八時間もかかったという。[20]

乗合バスは山陰、山陽の利用者に喜ばれた。とはいえ、一日一往復、一六人乗りでは需要に応えきれない。また悪路も多く、乗り心地は鉄道に及ばなかった。

人々の間から、簸上鉄道を木次から広島県側に延長することで、陰陽連絡線の実現を求める声が上がった。絲原武太郎は前出のインタビューで、こう回想している。

（前略）最大の現象はなんといっても住民が鉄道のありがたみを知ったということでした。それで木次から奥へ延長してくれという声が高くなり、大正八年に陰陽連絡鉄道期成同盟ができ、翌年に関係者が横田町に集まって請願書を作りました。そのときは、松江、広島、岡山、福山からも来てもらったのですが、みんな人力車でやって来たものです。ことに、山陽側の人は人力車も通らないので、徒歩で中国山脈を越えて来ました。それでも百三十人あまりも集まりました。[21]

大勢の参加者が県境の山を徒歩で越えてまで集まったというエピソードからは、当時の熱気と並々ならぬ決意が感じられる。陰陽連絡期成同盟会は、仁多郡横田村（現・奥出雲町）で一九一九（大正八）年五月に開催された。前出の島根新聞の連載記事では、島根、鳥取、広島の二市七郡の代表二五〇人が参加したとなっている。

簸上鉄道が開業した時から、既に武太郎らは陰陽連絡の構想を抱いていた。しかし、中国山地を越えて鉄道を延長するには多額の費用が想定され、民間の力だけでは難しい。西村保吉県知事とともに広島側の芸備鉄道（現・JR芸備線）の重役と話し合い、両線を結ぶ官設鉄道の建設を鉄道院に陳情するなど、中央への働きかけを重ねていた。そして帝国議会で請願が採択されたことを受け、横田で期成同盟会の大会合が開かれたのである。

地方の交通機関の整備を重要政策に掲げていた当時の原敬内閣のもと、翌一九二〇（大正九）年七月の臨時帝国議会で、木次―落合（現・広島県庄原市）線の建設予算一〇三六万円が通過する。翌年には予算が一七三二万円に増額され、ついに一九二三（大正一二）年五月、大木遠吉鉄道大臣が臨席して木次線（当時は木次落合鉄道線と呼ばれていた）の起工式が三成村で行われた。祝賀の催しには屋台や見世物も出て、近くの村々からたくさんの人が集まった。[22]傘を被り着飾った早乙女たちが、起工を祝って賑やかに花田植を行う写真も残っている。[23]

しかし、この後の道のりは平たんではなかった。同年九月に関東大震災が発生。日本経済は深刻な打撃を受け、国の鉄道建設計画は全て工期が三年延期となる。この時の武太郎の落胆ぶりは大変なものだったというが、それでも震災直後から早期の着工を請願した。二年後の一九二五（大正一四）年に貴族院議員となった武太郎は晩年の回想で「やる事といえば鉄道の陳情ばかり」[24]だったと振り返っている。着工は時の加藤高明内閣の緊縮財政方針もあってさらに先送りされ、ようやく木次―三成間で工事が始まったのは、一九二七（昭和二）年一二月のことだった。[25]

最大の難工事となったのは、下久野―出雲八代間にある下久野トンネルの建設だった。第一章で見た通り、下久野は映画『砂の器』の「亀嵩」パートで多くのシーンが撮影された場所である。また出雲八代駅のホームは「亀嵩駅」として登場している。その間に、山陰で一番の長さとなる全長二二四一メートル、勾配一〇〇〇分の二五パーミル（一〇〇〇メートル進む間に二五メートルの高さを上がる）のトンネルを掘ったのである。

下久野トンネル開通式（1931年）
写真提供/木次線利活用推進協議会

工事は昼夜を問わず三交代で行われ、のべ一九万人以上の労力が投入された。地元の住民も久野労働団を組織してつるはしやスコップを振るった。だが地盤は悪く、工事は相次ぐ落石や湧き水との戦いとなった。今のようにヘルメットもなく、けが人が続出。そのたびに坑内は救出に大騒ぎとなった。工事中の事故による死者六人、負傷者は四六五人を数えた。一日に二・八メートルのペースで掘り進め、完成までに二年一〇カ月かかった。

木次—出雲三成間が開通したのは一九三二（昭和七）年一二月。当初この区間は国鉄が運行し、宍道—木次間は引き続き簸上鉄道が運行したが、地元の要請もあり、ほどなく国は簸上鉄道の買収を決める。簸上鉄道は一九三四（昭和九）年七月三一日に株主総会を開いて会社を解散。八月一日に調印式を行い、路線は国鉄に引き渡された。

同じ年の一一月、今度は出雲三成—八川間が開通する。これまでに述べた通り、八川駅も『砂の器』では「亀嵩駅」としてロケが行われた場所である。私が生まれ育った駅前の集落は、駅の開業後、一帯に商店や旅館などが集まって形成された。国鉄の官舎や日通の支店も作られ、一時は三〇軒ほどが軒を連ねていた。また、絲原武太郎像が建てられたことからもわかるように、当時の八川村は絲原家のいわばお膝元でもあった。

そして亀嵩駅もまた、この時に開業した。ただ計画段階では経費節減のため、亀嵩を通らないルートが検討されていた。地図で確認すると、確かに出雲三成から出雲横田までは斐伊川に沿うように東南東に進んだ方が近く、亀嵩を経由するために北東方向にコの字を書くように路線が大きく迂回していることがわかる。亀嵩には雲州算盤という地場産業もあった。木次線が通るように地元の住民が再三の請願を行ったことで今のルートが実現し、亀嵩の本集落から三キロほど離れた大内原という場所に亀嵩駅が作られた。[26]

この時もし亀嵩がルートから外れ亀嵩駅そのものが存在していなかったら、『砂の器』の物語の設定が変わっていた可能性もある。映画の「亀嵩駅」での胸を打つシーンもなかったかもしれない。

最後の工事区間となった八川—備後落合間には、もう一つの難所が待ち構えていた。標高七二八メートル、中国山地の分水嶺、三井野峠である。島根側は一〇〇〇分の三〇パーミルの急勾配で、当時は列車が上るのは不可能とされていた。トンネルを掘るための調査も行われたが、地盤がもろく掘削は難しいとわかった。絲原武太郎は次のように振り返っている。

ちょうど軍備拡張の真最中でしてね　トンネルを掘ればいいことはわかっているがそんな予算はでない。そのうちには、いっそ自動車に変更したらという意見も出る始末です。ところが、地元の人たちは鉄道の味を知っているから絶対に承知しない。すったもんだのあげく、国鉄側がスイッチ・バックはどうだろうといったんです。（中略）

私はスイッチ・バックでもなんでもかまわん、一刻も早く汽車を通してくれといったような次第です。[27]

かくして、全国でも珍しい三段式スイッチバックが採用されることになった。木次方面から出雲坂根駅まで来た列車は、Zの文字のように、逆方向へ約八〇〇メートル進み、折り返し点で停車してから再び前と同じ方向へ進むことで、約一六〇メートルの標高差を段階的に上っていく。

この奇策によって難所を乗り越え、ついに一九三七（昭和一二）年一二月一二日、木次線は宍道―備後落合間八一・九キロに及ぶ全線の開通の日を迎えた。絲原武太郎らが簸上鉄道の構想を立ち上げてから、四半世紀もの歳月が経過していた。

『砂の器』の本浦父子が亀嵩を訪れたのは、小説

出雲坂根～三井野原間のスイッチバック（昭和20年代）
写真提供/木次線利活用推進協議会

では一九三八（昭和一三）年、映画では一九四三（昭和一八）年の設定である。いずれにしても、木次線が全線開通してそれほど経っていない頃の出来事ということになる。

映画では、父の千代吉は列車に乗せられて岡山の施設に向かった。亀嵩から木次線で備後落合まで行って芸備線に乗り換え、新見を経由して伯備線で岡山まで行ったことになろう。そのルートは木次線が全線開通していたからこそ可能だった。『砂の器』の名シーンの奥底には、地域の人々が陰陽連絡線の夢を実現するまでの長いドラマがあったのである。


木次線が全通した一九三七（昭和一二）年は、七月の盧溝橋事件を契機に日中戦争が勃発した年だった。戦時中の木次線は、軍都と呼ばれた広島方面へ、鉄道の枕木、鉄屑、金属類、干し草などの軍需物資や兵員、馬などを輸送する役割を担った。

各駅では沿線地域から召集された兵士を見送る光景が繰り返された。同年、出雲横田駅の構内で撮影された写真には、二本の線路を挟んで、一方のホームを日の丸を持った大勢の見送りの人々が埋め尽くし、反対側のホームはたくさんの幟をびっしり立ち並べて、盛大に出征兵士を見送る様子が写し出されている。

戦争の末期には、大阪の小学生が木次線沿線に集団疎開。また、広島に原爆が投下された後は、夥しい数の負傷兵が広島から連日木次線で運ばれたという。[28]

戦後の発展とかげり

戦後の一九四九（昭和二四）年六月、国鉄（日本国有鉄道）は独立採算制の公共事業体に移行、それまで国が直接経営していた鉄道事業を受け継ぎ、新たなスタートを切る。

この年の八月、木次線にも重要なできごとがあった。松江―木次―広島間で初めて客車の直通運転が開始されたのである。所要時間は片道約八時間半だったというが、陰陽連絡に新しい時代をもたらす口火を切ることになる。[29]

翌年には、一畑電気鉄道（現・一畑バス）が松江―広島間を結ぶ直通急行バスの運行を開始する。夜行を含む一日二往復の長距離運転で、当時は全国最長のバス路線だった。まだ高速道路はなく、状態がよくない一般道を通ったが、乗車率は高かったという。

これに対して国鉄は一九五三（昭和二八）年、快速「ちどり」を投入する。木次線、芸備線を経由して米子―広島間を直通運転するもので、最初は週末のみの運行だった。米子―広島間は片道七時間から七時間半程度かかっていた。それでも悪路を走るバスを敬遠して鉄道を選ぶ人が多く、週末の列車はいつも満員の状態になった。翌年からは毎日運転されるようになり、翌々年には「夜行ちどり」の運行も始まった。一九五九（昭和三四）年のダイヤ改正からはキハ55系気動車（ディーゼルカー）での運行となり、「ちどり」は準急に格上げされる。米子―広島間の所要時間は六時間を切った。

松江―広島間を走っていた一畑の長距離バスは「ちどり」に客を奪われ、一時は運行中止にまで追い込まれた。その後「列車よりも安い運賃」を掲げて運行を再開した長距離バスと「ちどり」の間で、熾烈な客の奪い合いが続くことになる。[30]

陰陽連絡だけではなく、木次線の沿線にも新しい名所が生まれ、利用客を掘り起こした。出雲坂根駅から三段式スイッチバックで峠を越えた先に広がる三井野原（当時は広島県、後に島根県に編入）の高原に、スキー場がオープンしたのである。

旧大東町内を走るSL（1969年）
写真提供/木次線利活用推進協議会

戦前まで荒地だった三井野原に開拓農民による入植が本格的に始まったのは一九四七

急行ちどり（昭和40年代）
写真提供/木次線利活用推進協議会

（昭和二二）年。その頃はまだ駅がなく、開拓地の生活は何かにつけ不便だった。子どもたちは朝早くに起きて峠の道を出雲坂根駅まで歩き、木次線に乗って八川まで汽車で通学していた。中学生は帰宅するのが夜の十時になった。親たちは「冬になると家を出て雪のなかに消えてゆく子供の姿がいじらしくてならなかった」[31]という。

　木次線の線路は地区の真ん中を通っていた。冬場は八川方面に用事に出かけた帰りなど、出雲坂根駅から雪の中を延々歩くのが大変なので、列車が三井野原に差しかかったタイミングで飛び降りる人もいた。事情を知っている乗務員は徐行してくれたという。三井野原の住民たちは、駅を作ってほしいと国鉄の米子鉄道管理局（米鉄局）に何度も陳情したが、つれない返事だった。

そこでスキー場を作って利用客を集めたらどうかと、開拓者全員で雑木を伐採し、ゲレンデを整備した。

一九四九（昭和二四）年一二月、三井野原スキー場のオープンに合わせ、線路の脇に枕木を積み上げて三井野原仮乗降場が作られた。「汽車から降りてすぐ滑れる」ことが魅力となってスキー場は大いに賑わい、冬場の木次線の収益アップに貢献した。一九五一（昭和二六）年には昭和天皇の弟で、スキー愛好家として知られた高松宮宣仁親王が訪れた。お迎えのため、雪を固めて仮乗降場のホームを延長したという逸話も残る。一九五八（昭和三三）年には正式に駅に昇格する。[32]

こうした発展の一方で、時代の変化は木次線を困難な状況へと追いやっていった。

簸上鉄道として開業した時から貨物輸送に重きを置いていた木次線。その主力は沿線地域からの木炭の出荷だった。昭和三〇年代初めまではどの駅にも木炭が山積みされ、貨物列車は別名「木炭列車」と呼ばれるほど満載していた。自ら製炭したり、各地の山から買い付けたりする木炭業者が朝の五時、六時から駅頭へ出て貨車の奪い合いをしたものだという。

この頃まで、木炭は家庭の暖房や煮炊きの燃料として、日本人の生活に欠かせないものだった。ところが高度経済成長期（一九五五〜一九七三年頃をさす）に入ると、いわゆる「燃料革命」が起こり、木炭はガスや灯油、電気にとって代わられるようになる。日本の木炭生産量は一九五七（昭和三二）年の二二二万トンをピークに、その一〇年後には約五分の一にまで急減した。木次線においても木炭を含む林産品の発送量は一九五六（昭和三一）年には一〇万トンあまりだったが、一九六六（昭和四一）年には約三万トンまで減っている。この間、貨物の総発送量も約四割まで落ち込んだ。[33]

『米子鉄道管理局史』（一九六三年）は木次線の収支の記録を一九五一（昭和二六）年から掲載しているが、同年は約一億六千万円の赤字だった。以降、赤字は毎年のように増え、昭和三〇年代の半ばには毎年二億六千万円台の赤字を計上している。一〇〇円の収入を得るのに経費がいくらかかるかを示す営業係数は、一九五六（昭和三一）年には米鉄局管内で最悪の三五〇（円）となった。（現在と比べればずいぶんマシに見えるが、それは置いておく。）路線の約六割が急勾配にあたる木次線はそれだけ燃料費がかかり、トンネルの維持管理や除雪のコストも嵩む一方、沿線の人口や産業が絶対的に少ないという山間地の鉄道の宿命を負っていた。

状況の改善を図るため、一九五九（昭和三四）年、新たに木次線管理所が設置された。同管理所は前年導入したレールバス（小型の気動車）を活用し、蒸気機関車から気動車への

「無煙化」を進めることで、サービス向上とコストダウンに取り組んだ。また地元のニーズに合わせて、独自の裁量で臨時列車の運行や車両の増結を行うなど、きめ細かい対応で地域との結びつきを強めた。当時、米鉄局では管内の各路線の沿線住民を対象に「旅行友の会」を組織し、団体旅行の促進に取り組んでいたが、木次線では五千人以上の会員を集めるなど、優秀な成績を上げた。また沿線町村に呼びかけて木次線観光協会を作り、地元の観光ＰＲにも力を入れた。[34]

木次線管理所が設置されてから三年間の営業係数は二八〇、二七〇、二四三と改善傾向を見せていた。

しかし、昭和三〇年代に起こった高度経済成長の大波は、日本全体の姿を大きく変えつつあった。工業化が進み、労働力を必要としていた東京、大阪などの大都市圏に、仕事を求める地方の若者が大量に移動。大都市への人口集中と地方の農山村の過疎化が同時進行した。

島根県の人口は一九五五（昭和三〇）年の九二万九千人をピークに減少の一途をたどった。木次線沿線の仁多郡、大原郡を合わせた人口は、同年には七万三千人だったものが、一〇年後の一九六五（昭和四〇）年には六万二千人となり、一万人以上減っている。

沿線の人口流出に追い打ちをかけたのは、一九六三（昭和三八）年の「三八豪雪」、翌年の「山陰北陸豪雨」といった自然災害だった。これらの災害では、木次線も大きな被害に見舞われた。

「三八豪雪」では、沿線の多いところでは三メートルもの積雪に見舞われ、日を追って被害が出た。準急「ちどり」が備後落合駅で一三時間足止めになった他、雪崩に乗り上げて機関車が脱線、救援にかけつけた列車も脱線するなど事故が連続した。一月から四月までに雪崩が発生したのは全線で八五か所。同じ日に一六か所で発生したこともあった。

のべ三〇〇本以上の列車が運休したが、それでも木次線が完全に止まることはなか

「38豪雪」時の出雲大東駅（1963年）
写真提供/木次線利活用推進協議会

った。道路が雪に閉ざされ、自動車は一か月半にもわたって通行不能になったため、木次線だけが頼りだったのだ。列車を通すために自衛隊も出動したが、沿線の住民たちは線路の除雪作業への協力を進んで買って出た。消防団員は有線放送で招集が伝えられると、深夜でもすぐにかけつけたという。[35]

地域の人々は自然の猛威と戦い、必死になって自分たちの命の綱、木次線を守り抜いたのである。

(3)「持ち直し」の時代

人口グラフの不思議

映画『砂の器』の撮影が木次線沿線で行われたのは一九七四(昭和四九)年。当時の木次線と地域がどんな様子だったのかを考える前提として、前節では明治、大正から高度経済成長期まで、木次線の成り立ちと軌跡を見てきた。その歴史の中でも一九五五(昭和三〇)年に始まる高度経済成長の影響は、計り知れないものだった。「燃料革命」など生活様式の変化に加え、大都市圏への人口集中と地方の過疎化が急激に進行し、木次線と沿線地域は厳しい状況に追い込まれていったのである。

　前述した通り、島根県の人口は一九五五年をピークに、現在まで減少が続いている。深刻な人口減少によって、今や存続が危ぶまれている地域も少なくない。県は現在、二〇二〇（令和二）年度からの五か年の指針として「島根創生計画」を策定、人口減少対策に取り組んでいる。計画では将来の人口をシミュレーションし、目指すべき目標を掲げている。その資料には過去の人口推移も示されているが、折れ線グラフを見ると、不思議なことに気づく。ある時期だけ、わずかながら県全体の人口が増えているのである。**（図表2－①）**

図表2－①　島根県の人口の推移（1955～2021）

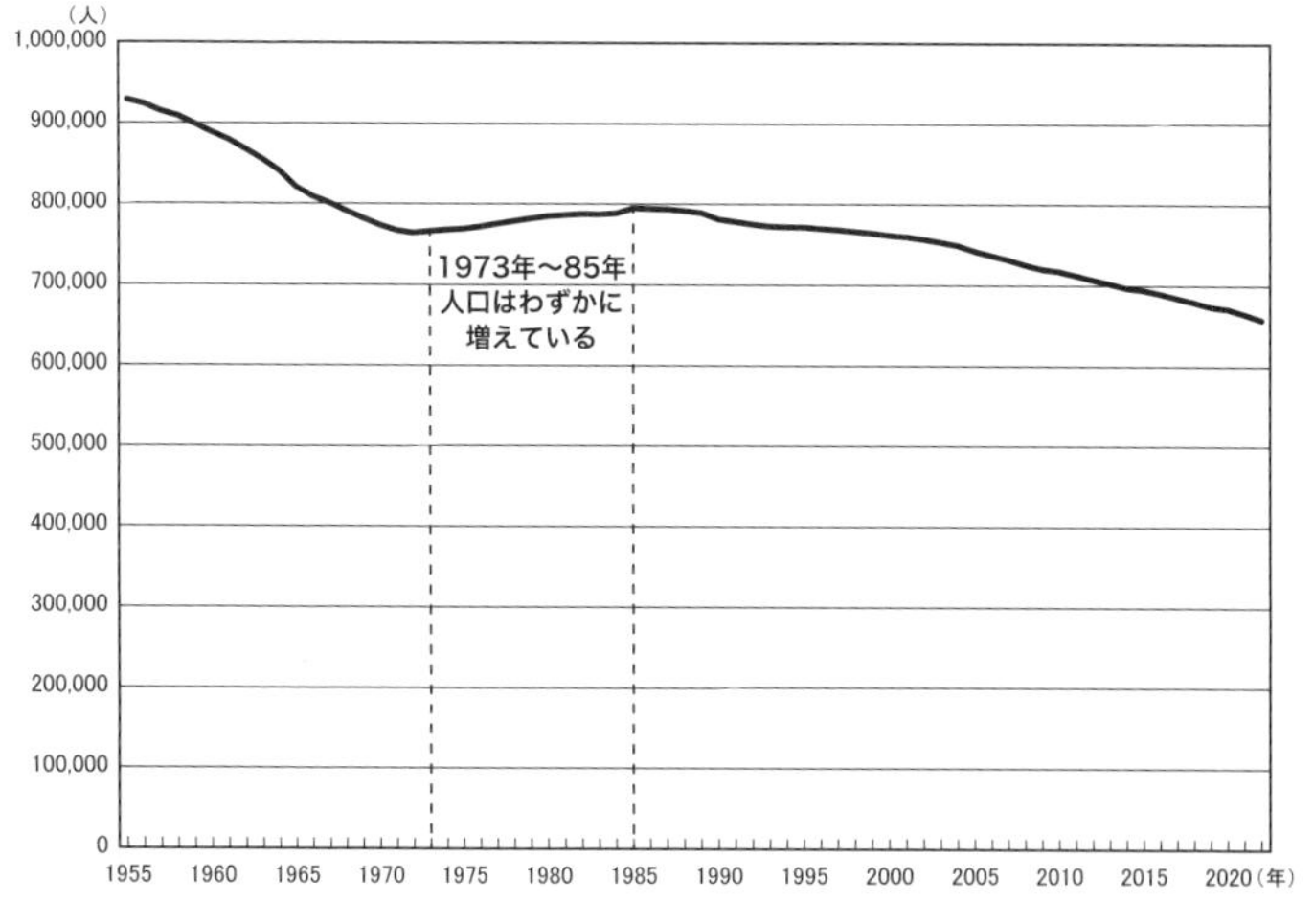

人口の増加は『砂の器』が撮影、公開された年の前年から見られた。数字を確認すると、一九五五年の九二万九千人から減少傾向に入り、一九七二（昭和四七）年に七六万五千人まで落ち込んだ人口が、翌一九七三（昭和四八）年には七六万六千人と、わずかに回復したのである。以後、島根県の人口はほぼ毎年増え続け、一九八五（昭和六〇）年には七九万五千人を記録する。この一三年間でおよそ三万人を取り戻し、一九六八（昭和四三）年頃のレベルまで押し戻した格好だ。[36]この時期、いったい何があったのだろうか？

考えられる一つの要因は、「第二次ベビーブーム」である。一九七一（昭和四六）年から一九七四年をさす。この時期、日本全体で毎年二〇〇万人以上が誕生した。戦後すぐの「第一次ベビーブーム」（一九四七〜一九四九）の時期に生まれた「団塊の世代」の多くが親になった頃で、この世代の人たちは「団塊ジュニア」と呼ばれる。

島根県の年ごとの出生数の推移を見ると、「第一次」ブームだった一九四七（昭和二二）年の三万三千人をピークに年々減少し、昭和四〇年代にはほぼ毎年一万人台になっている。その中で、一九七三年と一九七四年が一万一千人台を超えていて、前後と比べて山を作っていることがわかる。この二年は、出生数から死亡数を引いた自然増も四千人を超えている。ただ、これらの数字を見る限りは、この時期の県全体の人口増への「第二次ベビーブーム」の影響は、それほど大きくはなかったようだ。（図表2-②）

人口の変動を決める要因には自然増減の他にもう一つ、社会増減がある。後者は住民の地域外からの転入と、地域外への転出との差によって示される。見てきたように、高度経済成長期以後、島根県では工業化が進んだ大都市圏への転出が激しく、人口の減少につながっていた。

　ところが、七〇年代の社会増減を見てみると、一九七〇（昭和四五）年には四万人を超えていた県外への転出者が年を追うごとに減っていることがわかる。一九七三年からは二万人台になり、さらに微減傾向が続く。一方、県外からの転入者も、七〇年代を通して二万人台を維持している。そのため、一九七〇年には約一万六千人の社会減だったものが、一九七三年から減り幅を劇的に縮小していき、

図表２-②　島根県人口の自然増減（1965～1985）

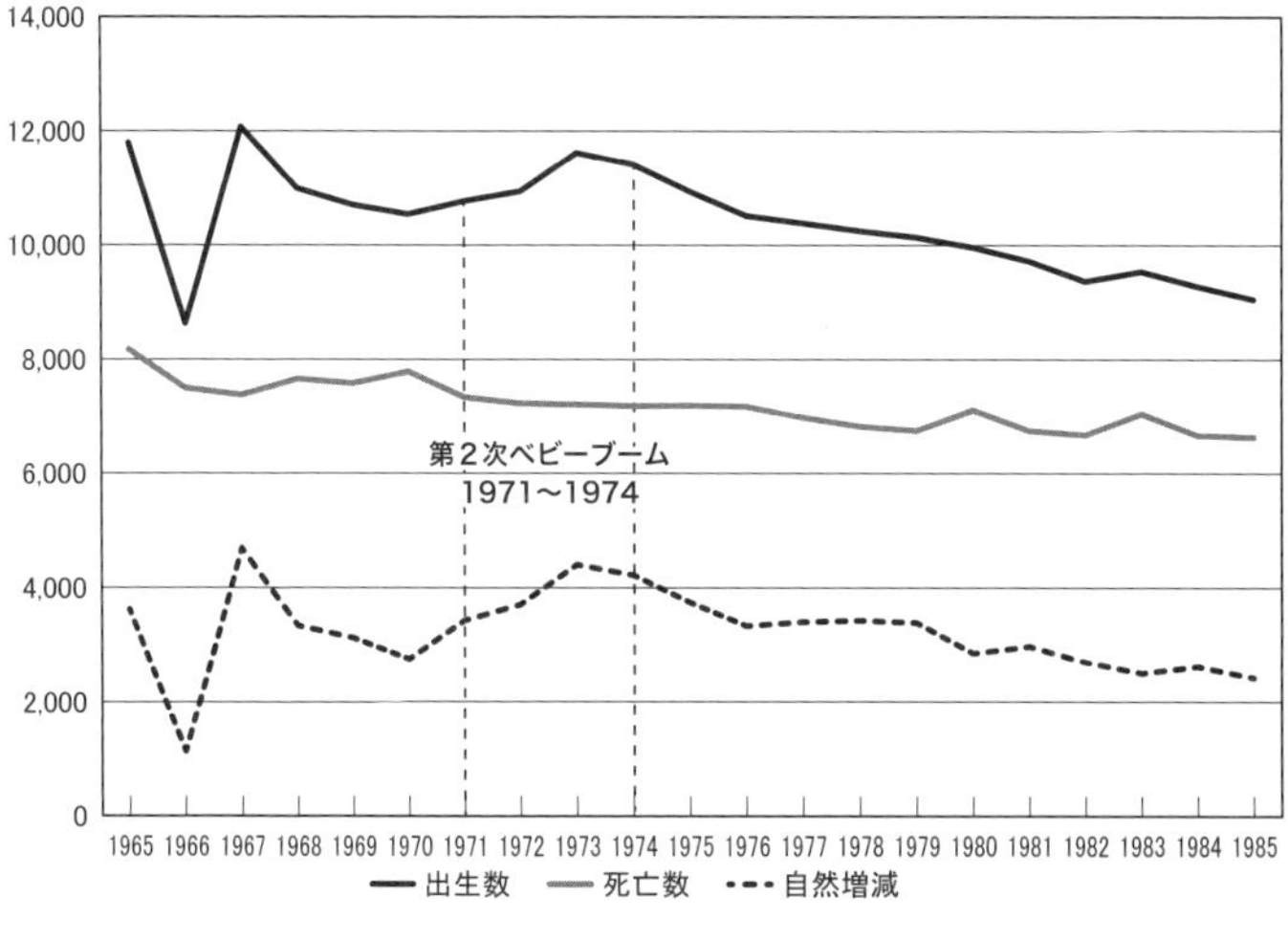

図表２-③　島根県人口の社会増減(1965〜1985)

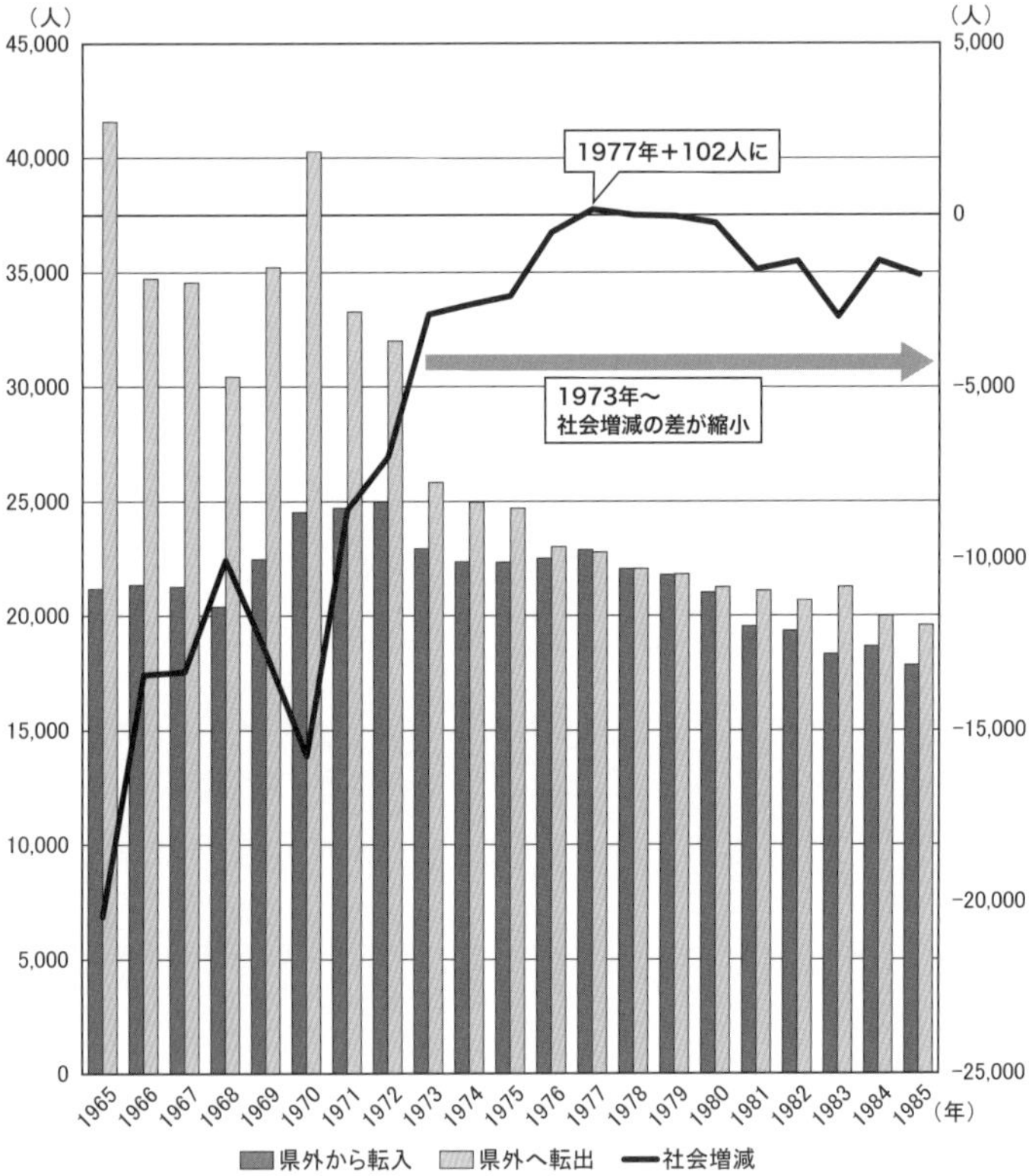

一九七七（昭和五二）年には、一年だけだが一〇二人の社会増に転じている。（図表2―③）つまり、高度経済成長期から続いていた人口の流出に一定の歯止めがかかったことが、この時期の県の人口の増加に大きく寄与したことは間違いなさそうだ。[37]

なぜこのようなことが起きたのか。背景には、国が打ち出した国土の開発をめぐる新たな方針があった。

地域格差と国土開発

高度経済成長は、三大都市圏を中心に急速な工業化と人口の過密をもたらした。大都市では環境汚染による公害問題をはじめ、住宅難や騒音問題、交通戦争、通勤地獄といったさまざまな弊害が叫ばれるようになる。一方、労働人口の流出が著しい地方の農山村は経済成長から取り残される形となり、都市部との所得格差も広がっていた。

こうしたいびつな状況の是正に向け、高度成長期の最中から国が動き出す。小説『砂の器』が新聞連載されていた一九六〇（昭和三五）年に発足した池田勇人内閣は、有名な「国民所得倍増計画」をぶち上げるが、「太平洋ベルト地帯」の開発を重視する姿勢に他の地方から批判が出る。そこで一九六二（昭和三七）年に「全国総合開発計画」（一全総）を策定し、「地域間の均衡ある発展」を基本目標に、地方の臨海部などの工業化を進める「拠点開発構想」を提示した。この時、山陰では島根・鳥取両県にまたがる中海地区が「新産業都市」に指定されている。しかし、世界史上類を見ない年平均一〇パーセントを超える経済成長のもと、依然として大都市への集中、地方の過疎化は進行した。

そのことを踏まえ、一九六九(昭和四四)年には佐藤栄作内閣が「新全国総合開発計画」(新全総)を策定。高速交通と通信網を整備し、大規模な産業プロジェクトを各地に配置することで「開発可能性を全国土に拡大し均衡化すること」[38]などをめざした。また過疎対策としては、一九七〇(昭和四五)年に議員立法で「過疎地域対策緊急措置法」が制定された。この前年、島根県西部の美濃郡匹見町(現・益田市匹見町)の大谷武嘉町長が衆議院地方行政委員会で参考人として過疎の実態を訴えたことも契機の一つとなった。これにより、過疎地の自治体では過疎債を活用し、産業の振興や道路、医療、教育、福祉など社会基盤の整備を進めていくことが可能になった。

そして一九七二(昭和四七)年六月、当時の通商産業大臣、田中角栄が自身の政策をまとめた著書『日本列島改造論』を発表した。太平洋ベルト地帯に集中する工業を地方に分散し、新幹線や高速道路のネットワークで結ぶことで、過密と過疎、地域格差の問題を一挙に解決するとした壮大な構想だった。田中は一か月後に自民党総裁選挙で勝利し、総理大臣に就任。『日本列島改造論』は九〇万部を超えるベストセラーとなり、地方開発の気運が盛り上がった。

ところが開発候補地では投機家による土地の買い占めで地価が上昇。その影響でインフレが発生する。そこに一九七三（昭和四八）年一〇月、オイルショックが追い打ちをかける。第四次中東戦争を契機に産油国が原油価格を大幅に引き上げ、さらに物価が高騰。「狂乱物価」と呼ばれる事態が経済活動に打撃を与え、長きにわたった高度経済成長は終焉を迎えた。列島改造論は失速し、翌年の暮れには田中が自身の金脈問題で総理の座を追われる。

一方で、オイルショックによる企業の雇用環境の悪化によって、失業した若者が故郷に帰るUターン現象が促された。一九七五（昭和五〇）年の国勢調査では、東京都の人口が終戦の年以来の社会減となる。地方から見れば、皮肉にもオイルショックが人口増に資することになったのである。

工場誘致で地域に雇用を

高度経済成長期の後半、国レベルではざっと以上のような動きがみられた。ではこの間、実際に過疎地を抱える島根県ではどうだったのか。

川島孝氏の二〇〇九年の論文[39]によれば、島根県が初の長期計画となる「島根県総合振興計画」を打ち出したのは、池田内閣が「国民所得倍増計画」を発表した翌年、一九六一（昭和三六）年のことだった。全国平均を大きく下回っていた一人当たり県民所得を、一〇年かけて八五パーセントに近づけることを目標としていた。計画では、工業用地を整備し、県外資本の導入による工場誘致を図ることを唱えている。それによって雇用を確保し、県民所得を向上させると同時に、人口流出に歯止めをかけるねらいがあった。県では東京・大阪事務所に企業誘致専門員を配置、さらに企業開発課を新設して誘致体制を強化した。

一九六七（昭和四二）年には県の人口が八〇万の大台を割り込む。人口減少の最も大きな原因は中学・高校卒業生の県外就職と大学進学で、その数は毎年一万三千人にも上っていた。「いざなぎ景気」といわれたこの時期、県外企業からの求人が殺到していた。他県の知事や副知事が島根に来て中学・高校卒業生の勧誘を働きかけることもあったといい、就職希望者の八割ほどが県外に就職していた。県は危機感を募らせ、若者などに向けて異例の知事談話まで発表した。次はその一部である。

業界や県、市町村の努力で立派な工場も多くなり、これらの工場には県内外の人もかなり働いているし各種の厚生、文化施設も整備され、新しい都市づくりも急速に進んでいる。したがって交通難、住宅難、公害などに悩まされる不健全な環境の多い都会に就職しないで、郷土建設の急務を認識して自分の適性にあった職業を選んでできるだけ多くの人が県内の職場での就職を強く考えてほしい。[40]

都会のネガティブなイメージを強調し、何とか若い世代を県内に留めようという必死さが伝わってくる。この談話は、地元紙・島根新聞の一面トップで報じられた。

行政の懸命な取り組みは一定の成果を上げた。一九六二年から映画『砂の器』の撮影が行われた一九七四年までの一二年間で、島根県内に立地した企業は一四〇社を数えた。業種の内訳は、最も多い機械が四七、次いで繊維・衣服が四二、鉄鋼・非鉄金属が一五などとなっている。誘致先は新産業都市に指定された中海地区だけでなく、中国山地の農山村地域にも及んでいた。

木次線沿線地域でも工場立地が進んだ。中でも木次町では昭和四〇年代、大和屋繊維産業㈱木次工場（本社・大阪、一九六六年）、中島製作所㈱湯村分工場（本社・松江、一九六九年、現・JUKI松江㈱）、星崎電機㈱島根工場（本社・愛知、一九七〇年、現・ホシザキ㈱）、同第二工場（一九七四年）、有限会社木次製甲所（親会社・東京、一九七一年、現・山陰アシックス工業㈱）などが相次いで操業を開始した。また、一九七四年に木次拠点工業団地の造成が開始され、二年後に完成。島根三洋工業㈱など昭和五〇年代には七社が開業した。

これらによって木次町では働き口が一気に増えた。一九六三（昭和三八）年には町内の事業所は五八二、従業者は三六七六人だったが、一九七八（昭和五三）年には事業所が七七六、従業者は五三六九人になった。一五年間で雇用が約一・五倍も増えたことになる。[41]

対談記事が醸し出す明るさ

島根県のこの時代の気分をよく伝える資料がある。まさに映画『砂の器』のロケが木次線沿線で行われていた最中の一九七四年八月二六日、山陰中央新報（前年、島根新聞から改名）は見開き二面にわたって特集記事「考える県政」を掲載した。テーマは「統計に見る島根県勢」。島根大学教授の細野誠之氏と島根県企画部長・神崎治一郎氏（この二年後に益田市長となり一六年間にわたって市政を司った）による対談で、グラフや写真をふんだんに使い、最新の統計データをもとに県の現状を語っている。その一部を見出しとともに紹介したい。まずは県民所得に関する部分から抜き出してみる。

県民所得　大きい伸び率　縮む国民所得との差

神崎　先般、昭和四十七年度の県民所得推計をまとめましたので、主だったものをご紹介いたしましょう。昭和四十七年度の県内純生産は三千八百七十億円ですが、これは前年度が三千二百二十三億円でしたので二〇・一％も伸びたことになります。島根県で対前年度の伸びが二〇％を超えたのは昭和三十年以降初めてです。従って、一人あたりの県民所得も四十八万三百二十七円で、前年度より一八・九％も伸びていきます。これも昭和三十年以降最高の伸びです。

細野　同年度の国民所得の伸び率が一三・七％ですから、伸び率としては全国的にみても高いと言えますが、しかし…。

神崎　高い伸び率を示していましたが、一人あたりの国民所得と比較すると、県民所得はまだその七〇％にも達しておりません。しかし、昭和三十五年ごろからのいわゆる高度成長時代には、京葉、京阪神、山陽など工業集積の高い地域に比べて、成長率は低かったんですね。格差は広がる一方だったのですが、それが、昭和四十五年には六三％、四十七年には六七・六％になりました。つまり県民所得と国民所得との格差も漸次縮小しつつある、県勢も順調に伸びつつあるということがいえます。[42]

県民所得は一年で二割近くも増えたが、一九六一年の「島根県総合振興計画」で謳われた「国民所得の八五パーセントに」という目標には、この時点でも全く届いていなかった。それでも神崎氏は「県勢も順調に伸びつつある」と胸を張る。行政マンとして、それまでのさまざまな振興策の効果が数字に表れてきたことに手応えを感じていたのだろう。誇らしげにデータを示す口調からは、高揚感がにじみ出ている。

次に企業誘致に関する部分を見てみたい。対談では農業、水産業の現状について言及した後、この話題に移っている。

11年で131企業を誘致　中小企業がほとんど　賃金格差は縮小

細野　(前略) 第二次産業、第三次産業についてはどうでしょうか。私が考えますには、零細経営、生産性の低さから、一工場あたりあるいは一人あたりの出荷額や、一商店あたりの小売額あるいは卸売額が小さく、従って労働賃金も全国平均を下回っていると思うのですが。

神崎　そうですね。県内商業及び製造業のうち九〇%を超える数が中小企業で、しかもその大半が小企業ですからね。

細野　県の誘致企業にしてもそうですね。昭和三十七年から四十七年までに百三十一の企業が誘致されていますが、従業員の数は一万三千人に過ぎませんからね。

神崎　企業誘致は昭和三十七年ごろから始められたのですが、前期十年は一町村一工場という一応の目標をたてですすめられたということもありましょうが、農村地域への導入ということもあって、規模はどうしても百—百五十人程度のものになっているかと思います。

それと、島根県内の労働賃金が低いということですが、本年度県内企業の春闘給与アップ率は三八・二％で、全国の三二・八％よりも高くその格差は漸次縮小されてきているように思います。

細野　理想的な姿としましては産業構造のバランスがとれているといいますか、生産性が各産業において格差のない産業構造が望ましいですね。43

「一町村一工場」というフレーズからは、県が企業誘致にあたって「新産業都市」のような特定の地域だけに集中させるのではなく、たとえ工場の規模は小さくても、農村部も含めて「分散型」で進める戦略をあえてとっていたことが読み取れる。産業振興は、過疎対策と切り離せない関係になっていたのである。

対談は、いよいよ県の最大の課題である人口の話題に入っていく。

増勢に転じた県人口　Uターン者増える　安定した職場の増加で

細野　ところで、島根県の当面している大きな課題ということになりますと過疎の問題がありますが、これと今まで話してきました県内産業の問題との接点、つまり労働力の確保の問題については難しい点が多いと思いますが。

神崎　そうですね。特に問題となるのは若年労働力の確保ですが見通しとしては必ずしも暗くはありません。

細野　例のUターン現象ですか。

神崎　ええ、それもあります。Uターン者は四十五年には四千九十四人だったのが昨年には四千六百八十六人になっています。その人たちを対象として、県の職業安定課が意識調査をしているのですがそれによると、Uターン者は男女がほぼ半々で、三十歳未満の人が大半です。帰県した理由としては「県内に安定した職場ができたので」というのが一番多いようです。

細野　これは島根県の経済発展の一つの象徴ですね。

神崎　そうですね。大きな指標になると思います。
細野　それと中学、高校の新卒者の就職状況はどうですか。
神崎　就職する新規学卒者の絶対数は年々減少してきておりますが、その中で県内に就職する生徒の割合は年々高まっております。今春の中卒者の場合、卒業生が一万三千百八十三人のうち、就職しながら進学が四百四十人、就職が九百九十人ですが、この五九・五％が県内就職をしています。高卒の場合は卒業生一万七百八十七人のうち六千百七十六人が就職をしていますがこのうち県内に就職したのは三五％。それでも四十五年には三一・五％でしたからこれも逐年増えていることになります。
（中略）
細野　なるほど。そういったことが統計面に出てきて、島根県の人口減少がとまったということになるのですね。
神崎　そうですね。県の人口増加につながった要因の一つと考えてよいと思います。
細野　昭和三十年以来減少していた島根県の人口が、実に十八年ぶりに増加したんですね。[44]

対談全体を通して、行政の立場から状況の改善、好転傾向を強調する神崎氏に対し、課題や不足を冷静に指摘するなど慎重なスタンスだった細野氏も、このパートでは「島根県の経済発展の一つの象徴」「島根県の人口減少がとまった」「実に十八年ぶりに増加した」と手放しで賞賛している。二〇年近く続いた急激な人口減少に不安を募らせていた多くの島根県民にとって、わずかでも人口が増加に転じたことは歴史的快挙ともいえる喜ばしいニュースであった。県民所得の向上に加えて、県内に若い世代の働き手が増え、活気を取り戻しつつあったこの時期、暗いトンネルをやっと抜け出して陽光を浴びたような明るい気分が地域社会に醸成されていたのである。

とはいえ、細野氏はこの後また元のスタンスに戻り、人口増加は市部が中心で郡部や山間地の多くでは依然減少傾向にあること、また年齢構成を見ると島根は全国に比べ老齢化が進んでいることを忘れずに指摘している。

木次線沿線の仁多郡（仁多町、横田町）、大原郡（大東町、加茂町、木次町）のこの時期の人口を住民基本台帳ベースで見てみると、県全体で人口増に転じた一九七三年は五町合計で五五〇一九人、前年度比マイナス一四八人だったが、翌七四年は五五〇四一人で前年度比プラス二二人とわずかに増加に転じている。その後はまた前年度比マイナスが二年続くが、再び七七年に一六〇人、七八年に一五六人のプラスを記録している。また加茂町については、七〇年代を通じてほぼ毎年増加の傾向にあった。山間地である木次線沿線でも若干のタイムラグや凹凸はあるものの、基本的には県全体と同様の流れにあったことがわかる。[45]

この時代は、過疎問題を抱える他県でも島根県とほぼ似たような傾向が見られた。秋田県が作成した資料では、同県が人口増に転じた一九七四年から八一年までの時期を「一時持ち直し」と表現している。[46]一九七〇年代は、高度経済成長に伴う過疎化ですっかり疲弊していた地方が、ほんの少しだが活気を取り戻した「持ち直しの時代」と呼べるだろう。しかし地域社会がひと時の明るい空気に包まれる中で、この「持ち直し」の流れから取り残されたものがあった。他でもないローカル鉄道である。木次線も例外ではなかった。

（4）合理化で変わった駅の姿

モータリゼーションの波に飲まれた国鉄

一九六四（昭和三九）年、「夢の超特急」といわれた東海道新幹線の開業に日本中が沸いたこの年、それまで黒字だった国鉄の経営が約三〇〇億円の単年度赤字に転落した。以降、赤字幅は年を追うごとに拡大。最終的に累積債務は約一六兆円にまで膨らみ、経営破綻状態となったため、ついには一九八七（昭和六二）年に分割民営化されるに至った。

かつて国の基幹的輸送機関であった国鉄が一気に窮状に追い込まれた最大の理由は、はっきりしている。高度経済成長期以降、日本で急速に進展したモータリゼーションの波に飲まれたのである。自動車の普及と道路の整備が進み、鉄道中心だった輸送構造に大きな変化が生じていた。

国土交通省の資料によれば、一九六〇（昭和三五）年までは全旅客輸送量（輸送人キロ）の五割以上だった国鉄のシェアは一九七〇（昭和四五）年には三割程度に落ち込んでいる。一方、自動車（営業用、自家用）は一九六〇年に約二割だったものが、一九七〇年には約五割に増えている。また貨物輸送（輸送トンキロ）についても、一九六〇年は国鉄が約五割、自動車は二割足らずだったのに対し、一九七〇年には国鉄のシェアが二割を切り、逆に自動車は約四割を占めるまでになっている。この段階ではまだ旅客、貨物とも国鉄の輸送量自体は伸びていたが、それも七〇年台前半をピークに減少に転じる。

さらに空に目を向けると、一九六〇年には二三だった国内の空港の数が一九七〇年には五七に増えている。自動車や航空機との競争が激化したにもかかわらず、国鉄は変化に対応し切れなかった。当時の国鉄は、運賃の改定にも法改正を必要とするなど、あらゆる面で国の規制を受けていた、また四六万人（一九七〇年）もの職員を抱える巨大組織を一元的に管理運営しなければならず、きめ細かい経営が困難な面もあった。[47]

国鉄の赤字問題は国政の場で俎上に載せられる。一九六八（昭和四三）年、国鉄諮問委員会は営業成績が一定の基準を下回る全国八三の赤字ローカル線（「赤字八三線」と呼ばれる）の廃止を勧告した。この中には、島根県の三江北線・南線、大社線も含まれていた。ただ、地元から反対運動が起こるなどして全国の多くの路線で廃止は進まず、「鉄道はやむを得ない事情があれば赤字でも構わない」と考えていた田中角栄がその後首相になったことで施策は事実上打ち切られる。[48]

廃止を免れた三江北線・南線は一九七五年に三江線として全通、ＪＲ西日本に引き継がれ営業を続けていたが、利用者が減少し二〇一八（平成三〇）年に廃止。また大社線はＪＲ承継後まもなく特定地方交通線の第三次廃止対象となり、一九九〇（平成二）年に廃止されている。

優先された道路整備

木次線は「赤字八三線」には指定されなかったものの、他の赤字路線と同様、経営状態は極めて厳しいものだった。一九六〇年代後半には「ちどり」を急行に格上げした他、蒸気機関車から気動車への転換、いわゆる「無煙化」を進め、一九六九（昭和四四）年には旅客列車の完全無煙化を達成するなどサービス向上に努めたが、この年度の営業係数は大社線の二二〇をも上回る四一三となり、累積赤字は七億五千万円に達した。経営のさらなる合理化は避けられない課題となっていた。[49]

山間地を走る木次線もモータリゼーションの影響を如実に受けていた。島根県の自動車台数の推移を見ると、一九六〇年には約一万六千台だったのが、五年後の六五年には二倍以上の約三万五千台、さらに五年後の七〇年には約三倍の約一〇万三千台と加速度的に普及が進んでいる。木次線沿線の仁多郡でも六〇年が約五四〇台、六五年が約九三〇台、七〇年には約二八〇〇台と、ほぼ県全体と同様のペースで増加している。[50]

県や地元自治体は、道路整備を最も優先すべき課題として位置づけていた。道路は国道、主要地方道、一般県道、市町村道に分類されるが、六〇年代初めの時点で、一般県道以上の道路でさえ、自動車のすれ違いが可能な幅四・五メートル以上の区間は全体の四分の一に過ぎず、自動車交通不能区間が九％、舗装率はわずか四％だった。「後進県」と呼ばれる島根県にとって、まずこうした劣悪な道路の状況を改善しなければ、産業振興も住民生活の向上もなかったのだ。

六〇年代前半には、日本海に沿って島根と関西方面、九州方面を結ぶ国道九号や、松江と広島を結ぶ国道五四号の改良工事が、国の直轄事業として行われた。さらに六〇年代半ばになると、実延長が国道・県道の五倍にもなる市町村道の整備が始まる。市町村道の舗装率は一九六五年時点で一％（一般県道以上は一〇％）しかなく、自動車交通不能区間は五四％（同五％）もあった。[51]

仁多町では一九六四年に初めて道路補修用トラックを購入し、大型車両が通行する町内の五つの道路を幅三・五メートル以上に拡張し、待機所を設けた。六七年にはダンプカーも購入、バス路線を手始めに町道の拡幅や待機所の増設、冬場の除雪対策などに着手した。ちょうど「いざなぎ景気」の時期と重なり、道路建設などによって土木業界が活況を呈し、町民の雇用の創出にもつながった。七〇年に「過疎地域対策緊急措置法」が成立すると、過疎債を使って町道の改良をさらに進め、町の主要な道路からは砂利道がなくなったという。[52]

とはいえ七五年の段階でも、島根県内の市町村道の舗装率はまだ一三％に過ぎなかった。映画『砂の器』の映像を見ると、ジープが砂埃を上げて砂利道を走っているカットがいくつもある。当時の状況を考えると、撮影のためにわざわざ砂利道を探す必要はなかっただろう。木次線沿線では、この時代はまだ砂利道がごく普通の風景だった。

道路の整備は一朝一夕には進まなかったが、自動車台数はそれをはるかに上回るペースで急増していた。かつて絲原武太郎は簸上鉄道が開通したことで「住民が鉄道のありがたみを知った」と語ったが、この時代の人々はいわば「マイカーのありがたみ」を知ったと言えるだろう。砂利道や凸凹道に苦労することはあっても、好きな時に好きな場所へ自動車で行き来する便利さを覚えた住民たちが、逆戻りすることはなかったのである。

自動車と道路が地域の交通、輸送の主役となり、木次線は利用が落ち込んだ。乗客数（島根県分）は一九六五年の約二四〇万人が七〇年には約一九〇万人となり、貨物発送量（同）は六一年の九万八千トンが七〇年には五万五千トンに激減した。

七〇年には木次線管理所が廃止され、木次機関区が設置された。木次線の経営は、米子鉄道管理局が直接かじ取りを行うことになった。そして翌年、国鉄は窮余の一策に打って出る。それは木次線の駅のありようを大きく変えるものだった。

木次線合理化に揺れた夏

映画『砂の器』で、今西刑事が木次線に乗って亀嵩を訪れるのは、一九七一（昭和四六）年の夏という設定になっている。まさにその夏、現実の世界では、国鉄が木次線の合理化を打ち出し、地域に大きな衝撃が走っていた。
同年七月二九日、国鉄が発表した合理化計画はざっと次のようなものだった。

①　国鉄職員を配置している下久野、出雲八代、亀嵩、八川、出雲坂根、油木、および民間委託している幡屋《はたや》、日登の計八駅を無人化。貨物等の取り扱いをやめ、旅客営業のみとする

②　国鉄職員を配置している加茂中《かもなか》、出雲三成、出雲横田の三駅は民間委託とする

③　出雲大東は旅客取り扱いの国鉄職員は残すが、貨物の取り扱いをやめる

ここでの民間委託とは、国鉄の退職者などで組織する日本交通観光社（日交観）による業務代行をさす。国鉄はこの合理化計画によって木次線各駅に一一三人いる国鉄職員を五四人削減し、営業係数を四一三（一九六九年）から三五四まで改善できると試算していた。

木次線には宍道から備後落合まで一八の駅があり、この時既に三つの無人駅があったが、さらに八つの駅が無人化され、小口を含めた貨物の取り扱い業務も大幅に縮小されることになり、地元住民の間には不安と戸惑いが広がった。当時の中国新聞島根版の記事は、この合理化を認めれば、さらに「列車の削減もあり得るのではないか」「二弾、三弾の合理

化で、最後は廃止されるのではないか」との声を紹介している。[53]

マイカーやトラックが普及したとはいえ、木次線は地域の足として依然少なからぬ役割を果たしていた。一九七一年八月の時刻表を見ると、旅客列車の一日の本数は上り（宍道方面）が全一四本で、内訳は急行「ちどり」が三本、普通列車は全区間の通し運転が四本、部分運転が七本。下り（備後落合方面）は全一六本で、内訳は急行「ちどり」三本、普通列車の通し運転が三本、部分運転が一〇本。朝夕をはじめ、日中や夜間の時間帯も一定数の運行が保たれていた。乗客の約六割は、通勤通学などの定期券利用者だった。

沿線の大原郡、仁多郡の五町はこぞって合理化に反対した。中でも町内に貨物を扱う駅がなくなる大東町では、町議会が先頭に立ち一週間で七五〇〇人の反対署名を集めた。社会党の中村英男参議院議員が議長を務める「住民の足を守る県民会議」は「合理化は過疎化に拍車をかけ、地域経済に大きな打撃を及ぼす」と伊達慎一郎県知事に直談判。こうした動きを受け、県と県議会も合理化反対を表明した。県や県議会が国鉄の合理化に反対したのは全国でも珍しいケースだった。

八月九日、県は関係五町の町長らを呼んで意見を聞き、伊達知事がその足で米子鉄道管理局に赴いて手島局長に反対の陳情を行った。一方で、伊達知事は記者にこう語ったという。

「県や町が沿線の道路整備をした反動で、列車利用者が減少したのであり、その赤字の要因をつくった張本人が、今度は赤字対策の合理化に反対するのは、気持ちのうえでは割り切れないものがある」[54]

沿線の五町にもそのことの自覚はあったようだ。横田町役場では「出来る限り県内の出張でも列車を利用するように」と職員に通達が出ていた。だが松江の県庁に出かけるにも列車を使えば一日がかり、自動車では往復三時間で済むとあって、通達は守られていなかった。五町の町長が米鉄局に反対陳情に出かけた際にも、町長たちは皆、公用車で出かけていた。手島米鉄局長に「きょうは鉄道に反対陳情だから列車でこられましたでしょう」と嫌味を言われ、返す言葉がなかったという。

合理化反対で一本化していた五町の間でも、温度差が生じる。合理化の影響が比較的少ない木次町や加茂町、町内の主要駅では貨物取り扱いが残る仁多町や横田町では、「この程度の合理化はやむを得ない」という空気も出てきた。一方で、出雲大東駅の合理化で町内に貨物取り扱い駅がなくなる大東町は「不公平だ」と不満を訴えていた。その大東町にしても、京都市場に鶏卵を鮮度のよい状態で出荷するために鉄道より速いトラック便を利用するなど、出雲大東駅の貨物取り扱い量は年々下降線をたどっていた。[55]

国鉄はあくまでも合理化を進めるとして、強硬な姿勢を崩さなかった。九月に入ると、県は「落としどころ」を探るかのように、米鉄局と条件交渉を始める。一三日には県が関係五町の町長と協議し、出雲大東駅の貨物取り扱いを翌年十二月末まで継続することなどの条件を米鉄局に提示。二〇日、米鉄局長が県庁を訪れ、県が提示した条件を了承することを伝えた。こうして木次線の合理化は本決まりになった。

駅業務を地元に託す

一九七一年一〇月一日付の「鉄道公報」第六六一〇号は、磯崎叡総裁の名で出された「日本国有鉄道公示第三九八号」を掲載した。公示では、木次線の九つの停車場（駅とほぼ同義だが、駅の建物だけでなく操車場、信号場などを総称してこう呼ぶ）の営業範囲を改正するとしている。これらの駅では手荷物、小荷物、小口扱貨物などを取り扱っていたが、加茂中駅には手荷物と小荷物、油木駅は冬期に限って到着小口扱貨物の取り扱いを残す。一方で幡屋、日登、下久野、出雲八代、亀嵩、八川、出雲坂根の各駅については、旅客のみの営業とする。

これだけでは少しわかりにくいが、同じ日の「鉄道公報」の別のページに「●木次線幡屋駅ほか7駅の駅員無配置について」という旅客局の文書がある。

本日、日本国有鉄道公示第398号をもつて木次線幡屋、日登、下久野、出雲八代、亀嵩、八川、出雲坂根及び油木の各駅の営業範囲が改正されることとなったが、これに伴い、各駅はいずれも旅客のみを取り扱う駅員無配置となるので、取扱上誤りのないよう注意されたい。ただし、油木駅については、12月25日から翌年の2月末日までの期間は職員を配置して到着小口貨物の取扱いをする。[56]

この中の「駅員無配置」が駅の無人化をさす言葉である。しかし厳密に言えば、これは「駅の業務を行う国鉄職員（および駅員の業務を代行する日交観社員）を配置しない」という意味であり、もし引き受け手がいれば、出札業務（乗車券の販売）などに限って委託することを妨げるものではない。この時「駅員無配置」となった木次線の多くの駅では、完全に無人駅にするのではなく、地元の町を通じて近隣の商店や個人などに、主に日中の簡易な業務を委託する「簡易委託」という形態がとられることになった。

木次線の合理化に際し、県が米鉄局に提示した条件の一つに「無人化される駅の簡易委託については、地元の要望があれば積極的に推進する」という項目があり、これに沿った形で各駅の簡易委託が進められたと考えられる。

私の地元の八川駅では、駅前で酒店を営んでいたおじいさんが出札業務を請け負っていた。私が小中学生の頃は、列車が駅に到着する時間が近づくと、ふだんは誰もいない駅の事務室におじいさんがやってきて、窓口で切符を売っていた。

待合室側には「出札所」と書かれた看板が掲げられている。その下の縦長のガラス窓越しにおじいさんに行き先を告げ、窓の下のすき間からお金を差し入れると、入れ替わりに切符が渡される。切符は硬くて厚みのある硬券だった。目的地の駅名などは予め印刷されていて、確か「出雲横田駅発行」となっていた記憶がある。待合室側からはよく見えなかったが、おじいさんの横には、切符をすぐに取り出せるように、駅名ごとに分けて保管しておく特殊な棚が設置されているようだった。

切符を買ったら、そのまま開閉式の木製の柵がある改札口を通り抜けてホームへ出る。改札は行われない。下車した際は、使用済みの切符を改札口の回収箱に入れる。時間帯によっては駅におじいさんがいない時もあり、その場合はとりあえず乗車して車内で車掌から切符を買った。こちらは肌色の薄い紙（車内補充券というらしい）で、駅名のリストなどが印刷されており、車掌が該当箇所に鋏で穴をあけて渡してくれた。

また日登駅（当時・木次町、現・雲南市）では合理化の翌月から、地元で土木工事や上下水道工事、建築・リフォームなどを手広く行う有限会社・板持土木が、出札業務および駅の待合室、トイレの清掃などを請け負い、ＪＲ西日本となった現在も受託を続けている。

そして、この章の（1）で述べた通り、亀嵩駅では無人化に伴って地元の杠隆吉さんが当時の仁多町役場から出札業務などを託され、その二年後に駅事務室のスペースを改装してそば店を開業した。映画『砂の器』が撮影された一九七四年の夏には既に店の営業が始まっていたため、八川駅と出雲八代駅を「亀嵩駅」に見立てて撮影されたといわれている。

しかし考えてみれば、プロのカメラマンや美術スタッフがその気になれば、駅舎内のそば店のスペースや看板を隠して撮影することも可能だっただろう。現に後に作られたテレビドラマ版『砂の器』の中には、亀嵩駅で撮影を行っている作品もある。前章でも述べたように、駅舎の外観（八川）とホーム（出雲八代）をわざわざ分けて撮影していることからしても、映画の製作チームにとって大事だったのは、そば店の有無よりむしろ、作品のイメージに合う駅の佇まいや周囲の風景だったと考えられる。

見てきたように、映画が撮影された一九七〇年代の前半、木次線沿線では高度経済成長期に進行した人口流出にいったん歯止めがかかり、地域に活気が戻っていた。一方で、急速なモータリゼーションによって、合理化を余儀なくされた国鉄・木次線では、多くの駅から職員の姿が消え、地元の人々が出札業務などを託される形へと大きな転換が行われた。後の国鉄分割民営化（一九八七年）、そして現在につながっていく流れが、この時期に生まれたといえるだろう。

この章で述べてきたことは、映画『砂の器』の内容と直接の関係はない。スクリーンに映し出される七〇年代の「亀嵩」は、昔ながらの茅葺屋根の家々が残る鄙びた山村の風景そのもので、まるで時間がとまっているように感じられるかもしれない。しかし、そこには明治、大正、昭和と時代の大きなうねりに翻弄されつつ、地域の人々と木次線が歩んできた激動の歴史が静かに刻まれているのである。

1 中国新聞社編『新中国山地』（未来社、一九八六）
2 杠哲也さんインタビュー（二〇二三）、カッコ内は筆者補足
3 2に同じ
4 2に同じ
5 相良英輔「近代における鉧操業と鉄山師」（横田町教育委員会編『鉄師絲原家の研究と文書目録―絲原家文書悉皆調査報告書―』所収、二〇〇五）

6 島根県教育委員会編『明治百年島根の百傑』(一九六八)
7 『八川村史』(一九五九)
8 NHK松江放送局編『島根の百年』(報光社、一九六八)
9 中国新聞島根版「木次線物語り」(一九六七年一一月一日～一五日付)、島根新聞「五十一年の足跡 木次線三十周年に寄せて」(一九六七年一〇月三〇日～一一月一〇日付)、稲田信・沼本龍『簸上鐵道の開通と木次線』(八日市地域づくりの会、二〇一七)
10 8に同じ
11 「木次線物語り」一九六七年一一月一日付
12 11に同じ
13 5に同じ
14 7に同じ
15 「五十一年の足跡 木次線三十周年に寄せて」一九六七年一一月二日付
16 「木次線物語り」一九六七年一一月三日付
17 「五十一年の足跡 木次線三十周年に寄せて」一九六七年一一月一日付、「木次線物語り」一九六七年一一月二日付
18 16に同じ
19 日本国有鉄道編『トラベルグラフ』一九六〇年一〇月号
20 『明治百年島根の百傑』、『島根の百年』、「木次線物語り」一九六七年一一月四日付
21 19に同じ
22 『仁多町誌』(一九九六)
23 藤澤秀晴監修『目で見る出雲・雲南の100年』(郷土出版社、一九九九)
24 19に同じ
25 9に同じ
26 22に同じ
27 19に同じ
28 『仁多町誌』、『目で見る出雲・雲南の100年』、木次線利活用推進協議会ホームページ「もっとつながる木次線」https://kisuki-line.jp/know/history/year (二〇二三年八月閲覧)

29 『週刊 歴史でめぐる鉄道全路線 国鉄・JR』三三号（朝日出版、二〇一〇）
30 「木次線物語り」一九六七年一一月一一日付
31 「木次線物語り」一九六七年一一月一二日付
32 31に同じ
33 「木次線物語り」一九六七年一一月一〇日付
34 日本国有鉄道営業局編「国鉄線」一九六二年四月号（交通協力会）、毎日新聞社編「日本の鉄道Ⅱ」（有紀書房、一九六二）、「木次線物語り」一九六七年一一月一五日付
35 「木次線物語り」一九六七年一一月一四日付
36 「島根県人口シミュレーション２０２０」、『しまね統計情報データベース』https://pref.shimane-toukei.jp（二〇二三年八月閲覧）「島根県統計書」二〇一九年版。なおデータは、年度によって国勢調査と総務省推計の数値が混在している
37 『島根県統計書』一九七〇～一九八〇年版
38 「新全国総合開発計画（増補）」（一九六九、一九七二一部改訂）
39 川島孝「地域開発と交通基盤の整備―高度成長期の島根県―」（『生駒経済論叢』第七巻第一号所収、二〇〇九）
40 島根新聞一九六七年九月一日付
41 『新修木次町誌』（二〇〇四）
42 山陰中央新報「考える県政」一九七四年八月二六日付
43 42に同じ
44 42に同じ
45 37に同じ
46 「秋田県人口ビジョン」（二〇一五）
47 国土交通省「国鉄改革について」https://www.mlit.go.jp/tetudo/kaikaku/01.pdf（二〇二三年八月閲覧）「運輸白書」昭和四一年版、同昭和四六年版、「国内空港整備について」https://www.mlit.go.jp/singikai/koutusin/koku/seibi/5/images/shiryou2_2.pdf（同）
48 小牟田哲彦「『日本列島改造論』と鉄道」（交通新聞社、二〇二二）
49 中国新聞島根版「合理化にゆらぐ木次線」（一九七一年八月二五～二七日付）

50 「しまね統計保管庫」https://pref.shimane-toukei.jp/?view=11347（二〇二三年八月閲覧）、『仁多町誌』
51 39に同じ
52 22に同じ
53 49に同じ
54 49に同じ
55 49に同じ
56 「鉄道公報」一九七一年一〇月一日付、なおこの章の（1）でふれたように「旅客のみを扱う」とされた亀嵩駅では、合理化後も一九八四年まで小荷物の取り扱いをしていた（『新中国山地』による）

第三章　なぜ「亀嵩」が舞台になったのか

（1）松本清張と「亀嵩」

小説『砂の器』

映画の原作となった松本清張の長編推理小説『砂の器』は、一九六〇（昭和三五）年五月一七日から一九六一（昭和三六）年四月二〇日まで、全三三七回にわたって読売新聞夕刊に連載された。単行本として光文社から出版されたほか、『松本清張全集』第五巻（文藝春秋）に収録されている。また上下二巻に分かれた文庫版も新潮文庫から出ている。

同じ『砂の器』でも、映画と小説にはかなりの違いがある。ざっくり言えば小説の方が、映画に比べてストーリーがはるかに複雑で、登場人物も多い。小説では和賀英良は東京・蒲田で三木謙一を殺した後、捜査をかく乱するために友人の俳優を秋田の羽後亀田に行かせたり、自宅のスタジオに作った「超音波発振器」を使って結果的に第二、第三の殺人を犯したりする。これに対して映画の方は、小説に描かれている右のようなエピソードは大胆に割愛し、三木が殺された事件の謎解きに絞って物語を展開している。

とはいえ、被害者・三木の「ズーズー弁」と「カメダ＝亀嵩」が、謎解きの最も重要な鍵となり、物語を動かす推進力になっているのは小説も同様であり、作者のその非凡な発想がなければ映画も存在し得なかっただろう。

小説『砂の器』は、蒲田のトリスバーの場面から始まる。被害者（三木）と加害者とみられる男（和賀）が早くも登場し、「カメダは今も相変わらずでしょうね？」[1]という一言が和賀の口から発せられている。小説を書き始める段階で、既に「カメダ＝亀嵩」を軸に話を展開する構想が、作者の頭の中にあったことは明らかである。

原作者・松本清張が、当時まだ全国的にはほとんど知られていなかった「亀嵩」という場所に着目し、小説の舞台に選んだのには、どのような背景があったのだろうか。

木次線と「ニアミス」した清張

松本清張が作家になったのは、遅かった。処女作『西郷札』を書き、『週刊朝日』のコンクールに入賞したのは、一九五〇（昭和二五）年、四一歳の時である。当時の清張は福岡県小倉市（現・北九州市）在住で、朝日新聞西部本社に勤務し、新聞広告の版下の作成を手がけていた。三年後の一九五三（昭和二八）年に『或る「小倉日記」伝』で芥川賞を受賞し、朝日新聞東京本社に転勤。さらに二年後、朝日新聞を退社し、作家活動に専念する。

この頃から推理小説を書き始め、一九五八（昭和三三）年には『点と線』『眼の壁』がともにベストセラーになるなど「清張ブーム」を巻き起こす。後に何度も映画化、テレビドラマ化された『ゼロの焦点』をはじめ、世間を震撼させた銀行強盗殺人事件を題材にした『小説帝銀事件』、ノンフィクション『日本の黒い霧』など話題作を次々に発表、その多作ぶりはすさまじかった。

『砂の器』を執筆していた時には、新聞、週刊誌、月刊誌に同時に一〇以上の連載を抱え、自宅の応接間には原稿を取りに来た編集者が何人も待機していたという。超売れっ子作家として常に締め切りに追われ、日夜執筆に打ち込んでいた当時の清張が、作品の取材のために自ら亀嵩まで直接足を運ぶ余裕はなかった。

また、それ以前にも亀嵩を訪れたことは一度もなかったと、一九八三（昭和五八）年、亀嵩に『砂の器』の記念碑が作られた時に行われた講演会で、清張自身が語っている。

亀嵩には私は一度も来ませんが、ただ地図の上で見つけただけでございます。小説ができ、そして映画が完成してから初めて亀嵩というのを見に来たようなわけでございますが、しかし私もできるだけ各地を歩くようにしております。けれども、いろいろと仕事がございますからね、そう一々出かけるわけにはいかない。[2]

この発言を字面通りに解釈すると『砂の器』の「亀嵩」は、作者が当てずっぽうのように地図でたまたま見つけて作品に採用したとも受け取れる。しかし、果たして作家・松本清張と亀嵩のある木次線沿線、あるいは「ズーズー弁」との間には、ほんとうに何の関わりもなかったのだろうか。

実は清張が『砂の器』より前に書いた文章の中に、少しだけ「木次線」や「出雲の言葉」が登場するものがあった。[3] 一九五五（昭和三〇）年に雑誌『旅』に発表したエッセイ『ひとり旅』である。ここには清張自身の体験として、ある年の冬に広島から芸備線に乗ったことが書かれている。

広島を午後一時頃に出た汽車は、次第に雪が深くなる山間へと入っていき、あたりはすっかり暗くなった。汽車は備後落合止まりで、清張はその夜小さな宿屋に宿泊する。八畳ばかりの部屋に通されると、他にも七、八人の客がいて、四方から掘りごたつに足を突っ込んで雑魚寝したという。その時のことである。

朝の一番で木次線で行くという五十才ばかりの夫婦が寝もやらずに話し合っている。出雲の言葉は東北弁を聞いているようだった。その話声に聞き入っては眠りまた話し声に眼が醒めた。笑い声一つ交えず、めん〳〵と朝まで語りつゞけていた。初老の夫婦者の乾いた苦労話を、このうらぶれた雪の宿で聴くともなし聞いていると、人間の侘しさが沁みるように胸にひろがった。[4]

備後落合駅（広島県庄原市）は、木次線の広島県側の起点で、芸備線からの乗換駅でもある。ここで初老の夫婦の「出雲の言葉」を一晩中聞いたのは、確かに侘しさが胸に沁みるような印象的な体験だったのだろう。しかし、それだけでは清張と「ズーズー弁」を結ぶ線としては、まだ弱い気がする。

この時、備後落合まで足を運んだにもかかわらず、まさに「ニアミス」というのか、清

備後落合駅（2023年）

張は木次線には乗らなかった。翌日、芸備線でさらに備中神代駅（岡山県新見市）まで行って伯備線に乗り換え、生山（鳥取県日南町）で下車したのである。その理由を、作家は次のように記している。

私の父は伯耆の中国山脈の麓で生れた。若い時、村を出てから一生涯一度も帰らなかった。他国に出て働き、帰る余裕が遂になかったのである。縁者は絶えていたが、それでも故郷の土を踏むことは父の夢であった。私は広島まで来た序でに父の故里に急に行きたくなったのだ。[5]

〈父の故里に急に行きたくなった〉とは、どういうことなのか。清張自身の生い立ちを知ることで、もう少し「亀嵩」や「ズーズー弁」との関わりが見えてくるかもしれない。

伯耆訛りの父と祖母

松本清張は一九六六（昭和四一）年、五七歳の時に、作家になるまでの自らの前半生を綴った自叙伝『半生の記』を発表している。この中に、清張と「ズーズー弁」との結びつきが意外に深かったのではないかと思わせる記述がいくつか含まれている。それらを指摘する前に、まずは順を追って清張の父親がどういう人物であったか、同書から見ていく。

清張の父は峯太郎といった。鳥取県日野郡矢戸村（現・日南町）の農家、田中家の長男として生まれたが、何かの事情があって、生まれてすぐに四〇キロ離れた米子の松本米吉、カネ夫妻の養子になった。松本家は餅屋を営んでいたらしいが、貧しい家だったようだ。峯太郎は小学校の頃までは、生家のある矢戸にたびたび帰って二人の弟や従兄などと遊んでいたが、やがて矢戸には姿を現さなくなったという。

小学校を出てすぐ役場の給仕に雇われた峯太郎だったが、一七、八の頃に家を出る。そ

日南町矢戸（2023年）

の後、広島で警察部長の書生をしたり、病院の看護雑役夫をしたりしていた。この頃、広島県志和村（現・東広島市）出身の岡田タニと結婚。一九〇九（明治四二）年に長男の清張が生まれている。二人の姉がいたが、いずれも清張が生まれる前に亡くなっていた。清張は一人っ子として育てられることになる。

ちなみに、夫婦はこの年小倉に移り住み、そこで清張の出生届が出されているため、長年清張の出生地は小倉とされてきた。清張自身が晩年になって、実は広島で生まれたと語っており、それを裏付ける資料も見つかっていることから、最近では広島出身と紹介されることも多い。

さて、一家はその後山口県の下関に移る。この頃、理由はわからないが、峯太郎は米子から養父母を呼び寄せ、同居を始めた。一家は街道沿いで餅屋を開いていたが、清張によれば父の峯太郎は労働が嫌いで、米の相場に手を出したり、書生時代にかじった法律の知識で示談屋のようなことをしたりしていたらしい。

息子のことは可愛がっていたようで、冬の夜などは手枕をして講談本で覚えた「太閤記」などを語って聞かせた。清張にとってもそれは〈まことに愉しい記憶であった〉[6]という。峯太郎が話す言葉には、ある特徴があった。

父の言葉は、伯耆訛と広島訛がごっちゃになっていた。家をエと言い火をkwaと発音した。古代に近い発音だそうである。[7]

〈火を kwa と発音した〉というのは、例えば「火事」を「クヮジ」のように発音したという意味である。父・峯太郎の伯耆訛りは、出身地である鳥取県西部で話される西伯耆方言のものだろう。県境を接する島根の出雲弁や隠岐弁と共通する特徴が多く、これらを一括りにして「雲伯方言」と呼ぶこともある。（小説『砂の器』にも、専門書の記述としてこの言葉が出て来る。）もちろん同じ出雲弁でも地域によって細かい差異があるように、伯耆訛りと出雲弁は全く同じではない。しかし、両者が近しい響きを持っていることは確かだ。

例えば私の父は、一九三七（昭和一二）年に木次線沿線の下久野で生まれたが、清張の父親と同様、「火事」を「クヮジ（ズィ）」、「学校」を「グヮッコウ」と発音していたように思う。

さらに清張の家には、米子から来た祖父母（父の養父母）も同居していた。祖父は清張が物心つかないうちに亡くなったが、祖母のカネはやはり伯耆の言葉でしゃべっていた。米子弁は「雲伯方言」の中でも、より出雲弁に近いとされる。『半生の記』には、次のようなカネの言葉が記されている。

「これをマムナイ（うまくない）と言う人もあるけど、人の好き好きじゃけんのう」[8]

「美味しくない」という意味の「まんない」は、出雲弁でもよく使われる。「じゃけんのう」は、出雲弁では「だけんのう」となるだろう。清張は他にも祖母のこんな言葉を書き留めている。

「え（家）の中が揉めるとええことはないけにのう。えの内は仲ようせんと栄えることはないけに」[9]

これなども「けに」を「けん」と置き換え、「揉める」を「揉めー」、「栄える」を「栄えー」とすれば、出雲弁になる。

少年時代の清張は、家族の伯耆訛り（西伯耆方言）を日常的に耳にする環境で育っていた。そのことを知った上で、改めて前出のエッセイ『ひとり旅』を読むと、また違った印象になる。備後落合の宿で遭遇した老夫婦の出雲弁は、清張にとって、初めて聞く外国語のようなものでは決してなく、むしろ幼い頃から慣れ親しんだ家族の訛りに近いものであった。清張は〈出雲の言葉は東北弁を聞いているようだった〉と表現しているが、これはまるで東京人のような物言いである。『ひとり旅』を発表したのは一九五五年、小倉から東京に居を移して二年が経ち、清張は「東京人化」しつつあったのだろうか。

戦時中、清張は召集されて朝鮮半島で軍隊生活を送っており、あるいはそこで東北出身者と接する機会もあったかもしれない。しかしそれ以外、四〇代の半ばまで小倉など西日本に生活の拠点を置いていた清張にとっては、東北弁の方がずっと縁遠く、書物を介した知識はあっても、生きた言語としては滅多に触れたことのない方言だったはずである。実際、清張は『ひとり旅』の冒頭で、少年時代に雑誌で秋田のことを書いた文章を読んで北国に憧れたが、実際には九州育ちの自分はそんな遠くへ旅したことはないと告白している。[10]

老夫婦の出雲弁に遭遇した時、清張自身はほんとうに〈東北弁を聞いているようだ〉と感じたのだろうか。どうも後付けではないかという気がしてならない。

なお『ひとり旅』には、このエピソードは〈ある年の冬〉のことだと書かれているが、自叙伝『半生の記』によれば、清張が初めて生山を訪れたのは〈終戦後間もなく〉だった。日南町の清張研究家、足羽隆氏の著書によれば、それは一九四八（昭和二三）年一月のことだという。[11]『ひとり旅』には〈広島まで来た序でに〉とあるが、いったい何のついでだったのか、それについては後で述べることにしたい。

父が語る故郷の思い出

清張の父・峯太郎は、息子に講談を語って聞かせるだけでなく、故郷の矢戸村の思い出をよく話していたようだ。『半生の記』の冒頭には、一九六一（昭和三六）年の秋、清張が出版社の講演旅行で山陰に行った折に、父の故郷を訪ねて親戚（田中家）の人たちに会い、父の生家などを案内してもらったことが書かれている。その中に次の一文がある。

> 村の中を日野川を流れているが、父の想い出話の中には、必ずこの川が出てくる。[12]

〈父の想い出話〉がどんなものだったのか、『半生の記』にはこれ以上の記述はないが、清張の別の作品に詳しく書かれている。一九五五（昭和三〇）年に発表した自伝的小説『父系の指』である。

> 私は幼いころから何度も父から矢戸の話を聞かされた。矢戸は生まれた在所の名で

ある。父の腕を手枕にして、私は話を聞いたものであった。

「矢戸はのう、ええ所ぞ、日野川が流れとってのう、川上から砂鉄が出る。大倉山、船通山、鬼林山などという高い山がぐるりにある。船通山の頂上には根まわり五間もある大けな栂の木が立っとってのう、二千年からの古い木じゃ。冬は雪が深い。家の軒端までつもる」

その話を聞くごとに、私は日野川の流れや、大倉山の山容や、船通山の巨大な栂の木の格好を眼の前に勝手に描いたものであった。その想像のたのしみから、同じ話を何度も聞かされても、飽きはしなかった。[13]

『父系の指』はあくまでも小説＝フィクションの体裁をとってはいるが、語り手である〈私〉の父親の生い立ちや半生は、ほぼ『半生の記』に書かれている清張の父・峯太郎のものと一致する。ここに書かれた〈私〉の父の思い出話は、清張が峯太郎から聞かされた話と考えても問題ないだろう。

この矢戸村の思い出話の中で、私のような奥出雲の人間が真っ先に反応するワードは、何と言っても〈船通山《せんつうざん》〉である。標高一一四二メートルのこの山は鳥取と島根の県境にそびえ立ち、北西側が奥出雲町に属する。

奥出雲でも、船通山は地元のシンボルとして親しまれている。私たちが小中学校に通っていた頃、遠足といえば船通山か、広島との県境にある吾妻山だった。

船通山は古くは「鳥上山（鳥髪山）」などと呼ばれ、有名な「古事記」のヤマタノオロチ退治の伝説で、高天原を追われたスサノオが降臨した地として知られている。また、出雲地方を代表する大河、斐伊川はここを源としている。五月には山頂付近にカタクリが咲き、それを目当てに山に登る人も多い。

父親の思い出話に出て来る〈大けな栂の木〉とは、おそらく「船通山のイチイ」のことだろう。頂上に近い日南町側の南斜面にあり、天然記念物に指定されている。イチイと栂《ツガ》は違う植物だが、見た目が似ているため、地方によってはイチイをツガと呼ぶこともあるらしい。

それはさておき、ともかく清張の父の故郷である矢戸から見て、船通山を越えた反対側に位置するのが亀嵩のある奥出雲なのである。改めて地図で確認すると、矢戸から亀嵩までは直線距離にして約一七キロ、車で四〇分足らずの近さだ。

だからと言って、父が幼い清張に語って聞かせた故郷の話の中に、「亀嵩」が登場していたのではないかと考えるのは早計だろう。峯太郎は小学校の頃まで、米子の養家から生家のある矢戸に時々遊びに行っていたに過ぎない。もしかしたら、船通山に登って〈大けな栂の木〉を見たことくらいはあったのかもしれないが、余程のことでもない限り、山の反対側の奥出雲に行ったり関心を持ったりした可能性は低いと思われる。

あくまでも推測に過ぎないが、清張が「亀嵩」という地名を知ったのは、朝鮮半島から復員して再び小倉に住んだ戦後すぐの数年の内だったのではないか。そう考える理由を次に述べたい。

箒売りと時刻表

戦時中から戦後にかけての清張の動静を『半生の記』などから要約してみる。

家が貧しく、高等小学校を出てすぐ働き始めた清張は、印刷工などを経て、小倉の朝日新聞西部本社で広告版下作成の仕事を得る。一九四三（昭和一八）年に正社員となるが、翌年六月に召集され、朝鮮半島へ送られる。この時既に結婚していた清張は、小倉で妻と三人の子ども（長女、長男、次男）、両親とともに暮らしていたが、家族は妻の実家がある佐賀県神埼町（現・神埼市）に疎開した。

終戦後の一九四五（昭和二〇）年一〇月に復員。家族を佐賀に残し、清張は単身小倉に住んで朝日新聞に復帰する。しかし終戦直後の混乱期で、新聞はタブロイド判一枚きり。

地方広告もなく、清張の仕事は無いに等しかった。翌年には三男が生まれ、家族が八人になったが、食糧難とインフレのさなか、新聞社の給料だけで家族を養うのは困難だった。

ある時、家族の住む佐賀の家に帰る道すがら、神埼川の土手沿いに軒を並べる農家がこぞって稲わらで帚を作っているのを目にした清張。小倉で家を借りた際、掃除をしようと町の市場で箒を探したが、どの店にもなかったことを思い出した。そこで農家から手帚を買い求め、小倉に戻って荒物屋に持ち込むと、店は言い値で買ってくれた。

清張は、箒の仲買いを副業にすることを思いつく。休日に小倉や門司、八幡の店を回って注文を取り、佐賀の農家に箒を送らせた。終戦後の品不足で、どこの店でも「いくらでも送ってくれ」と注文してくれたという。

さらに清張は新聞社の「買出し休暇」の制度を利用して、見本の箒をリュックに背負って汽車に乗り、月に一度、広島まで営業に出かけるようになる。夜汽車で小倉を出発すると、早朝に広島に着く。最初の頃は、商談を済ませてから小倉に帰る夜汽車が出るまでの間、原爆の被害を受けた広島市内の様子を見て回った。しかし、そのうちに清張はそうして時間を潰すのをもったいないと感じるようになる。そこで使うようになったのが、時刻表だった。

時刻表を調べてみると、山口県に入ったところに防府という町がある。広島から三時間だった。この防府から小倉までが四時間ぐらいだった。

もし、広島で午前中に用事を済ませると、昼ごろの汽車に乗れば三時に防府へ着くので、そこで一時間過ごせば次の汽車で小倉に帰ることができる。小倉に着くのは夜中だった。

私は知らない土地を見たかった。小倉から夜行で広島を往復するだけでは意味がないので、私はそのことを実行した。[14]

小学校の時から地理が好きで、教科書の挿絵に空想をかきたてられ、旅に憧れを持ち続けたという清張は、この時期、箒売りの副業のついでに、時刻表を調べては、営業先から近隣の土地へ汽車で小旅行をしていたのである。関西では大阪を手始めに、営業先の開拓もしながら、京都、大津、比叡山、琵琶湖、堺、神戸、岸和田などを見て回っている。

エッセイ『ひとり旅』に書かれた、〈広島まで来た序でに〉父の故郷に向かった話は、まさにそうした小旅行の一つだったと考えてよいだろう。広島を午後一時頃に出る芸備線の汽車に乗り、途中の備後落合で一泊、翌日備中神代で伯備線に乗り換えて生山へという旅程は、清張が時刻表と首っ引きで計画したものに違いない。

松本清張といえば、時刻表のトリックを駆使した『点と線』など、鉄道ミステリーの達人としても知られる。時刻表をじっくり読み込んでトリックを編み出すテクニックは、この時期に筝を売りながら西日本各地を鉄道で歩き回ったことで培われたのではないか。そして、清張の緻密な性格からすれば、時刻表をつぶさに調べる中で、例えば備後落合からは木次線が出ていて、それがどこに向かい、途中にどんな駅があるかなど、ある程度チェックしていたことは想像に難くない。そこが山で隔てられているとは言え、父の故郷に近い場所であればなおのこと、清張の関心のアンテナが張り巡らされる射程の内に入ったのではないか。

全くの推測ではあるが、清張が「亀嵩」という地名を知ったのは、この戦後すぐの数年の内であろうと私が考える理由は、以上である。

『砂の器』において「ズーズー弁」を物語の重要な鍵に設定し、「亀嵩」を舞台に選んだ着想は、作者・松本清張の前半生にそのルーツをたどることが出来る。言い換えれば、松本清張という極めて異色の人生を歩んできた作家でなければ、『砂の器』は書けなかったのである。

ちなみに亀嵩という地名の由来は定かではないが、大正時代に編纂された『島根縣仁多郡誌』には、亀嵩村の項に次の記述がある。

本村の東部に二大高山あり　其西なるを玉峯と云ひ東なるを鼈峯《かめみね》といふ　玉峯は水晶を産し　鼈峯は巌石露出して其形鼈《かめ》に似たり　本村の名称蓋し是に取るなり[15]

（原文の旧字を新字とし、文の切れ目に空白を入れ、ルビを振った）

（2）リアルな出雲弁の秘密

新聞の持つ機能を利用せよ

「亀嵩」を謎解きの鍵として、また物語の舞台として採用した清張だったが、作品にリアリティーを持たせるには、単に「亀嵩」の地名を登場させるだけでなく、そこがどういう土地なのか、どういう人たちが暮らしているのかといったディテールを書き込まなければならない。

だが本人が言うように『砂の器』を執筆するまで、清張が亀嵩を訪ねたことはない。また当時一〇本以上の連載を抱えて締め切りに追われていた清張には、自ら亀嵩に足を運ぶ余裕がなかったことは先に述べた通りである。

小説はフィクションとはいえ、「亀嵩」がどんな場所なのか、単なる作者の空想ではなく、実在の場所として説得力をもって描くには、ある程度の材料=情報が必要である。インターネット社会の現代であれば、個人を含めて地方からも多種多様な情報が発信されており、東京に居ながらにして、それなりに必要な情報を集められるかもしれない。しかし今から六〇年以上前、昭和三〇年代の半ばに、はるか山陰の奥深くにある小さな村の情報を充分に得ることは、容易いことではなかった。

それでは、清張はどのようにして亀嵩をはじめ、『砂の器』に登場する地方の町や村の情報を手に入れることが出来たのか。その答えは、当時読売新聞で『砂の器』の編集者を務めた山村亀二郎の回想から窺える。連載開始の約一か月前、山村が清張の自宅を訪ね、初めて会った時のことである。


そのころ松本清張氏は練馬区の上石神井に住んでいた。私が通された応接間には、先客の雑誌、週刊誌の記者が五、六人たむろしていた。二時間程して二階の仕事場に呼ばれると、髪を彷彿とさせた清張さんが、大きな机に腰を深く椅子にもたれていた。挨拶は抜きで間髪を入れず、

「新聞で推理小説を試みるのは始めてなので僕も真剣です。毎日読者に飽きさせずに読ませるのは相当の工夫を要します。ですから新聞の持つ機能をフルに利用出来るようにして下さい。作者、さし絵（朝倉摂氏）、編集者の三身一体となって協力すれば成功に漕ぎつける自信はあります」

と清張さんは確信を持っていう。私は即座にこれはイケルと思った。[16]

（原文ママ）

ここで清張が言う〈新聞が持つ機能〉とは、読売新聞のような全国紙が、支局や通信部などの拠点を置いて日本各地に張り巡らしている取材ネットワークをさす。つまり清張は、新聞社が日々の報道のために使っている取材力、組織力を、自らが新聞紙上に連載する小説にも利用させてほしいと要望したのである。

日本近代文学が専門で、松本清張を研究する専修大学教授の山口政幸氏は、『砂の器』の前半に出て来る秋田・羽後亀田の場面について、実際に執筆のための取材を行ったのは読売新聞秋田支局本荘通信部のベテラン記者だったことを明らかにしている。[17]

清張が何を知りたいのか、その意向を受けて地方勤務の記者たちに取材を依頼し、得られた情報を清張に伝えるのが、編集者の山村の役割だったと考えられる。山村自身も読売新聞文化部の記者であり、前出の回想では自ら〈秋田や島根に飛んだ〉と書いている。「亀嵩」パートの取材でも、おそらく現地あるいは松江支局に赴くなどして、力を発揮したに違いない。

書き込まれた取材情報

編集者の山村は、清張の執筆に資するため、読売新聞松江支局と協力して、亀嵩に関してさまざまな情報を集めたものと考えられる。

小説『砂の器』で亀嵩が登場するのは、「第六章　方言分布」の第四節、刑事の今西が被害者・三木の警官時代に事件につながる手がかりがないかを探るため、亀嵩を訪れる場面である。文庫本では一四ページほどの分量だが、この場面で清張は亀嵩という土地に関してどのような情報を書き込んでいるのか。主なものを抜き出して、次の五つに分類してみた。（三木の人柄や警官時代のエピソードなど、明らかにフィクションと思われる記述は除外した。）

A・亀嵩へ向かう道中の風景と地理

（道は線路に沿っている／両方から谷が迫る／田畑はない／途中の部落は貧しそう／出雲三成駅から四キロで亀嵩駅／道が二又になり線路沿いの道は横田へ／亀嵩への道は川沿いに山峡に入る／川は二つに分かれ亀嵩川に／亀嵩駅から亀嵩部落まで四キロ／途中に家はない）

B・亀嵩の風景と地場産業

（思ったより大きな古い町並み／檜皮葺の屋根が多い／北国のように石を置いている家も／算盤の名産地／算盤の部品を造る家が多い）

C・算盤の老舗の風雅さ

（大きな構えの家／門の中にきれいな庭／風雅な造庭／主人の風体、物腰／磨き込んだ廊下と泉水のある庭／本式の茶室）

D・土地の習慣、歴史・文化

（抹茶が振舞われる／松平不昧公に由来するお茶の習慣が残る／俳句がさかんな土地／松江などから俳人が集まる／かつて芭蕉の系統を引く子琴という俳諧師がいた／松江藩

の文化的な藩風／当時使われた俳句の振り出し探題箱が家宝／箱の作者、大工・村上吉五郎は雲州算盤造りの元祖）

E・人々の暮らしぶり
（田がほとんどなく百姓は貧しい／生業は炭焼き、椎茸栽培、樵、算盤工場勤務／夫婦共稼ぎが多い）

AとBに関しては、ほぼ事実に即した客観的な情報であると考えられ、〈今西〉など登場人物の存在を消してしまえば、このあたりの文章はそのままルポルタージュや紀行文としても成立し得るだろう。

Cは〈桐原小十郎〉という架空の登場人物とその住居の描写ではあるが、実際にモデルとなる人物や家が存在し、それらの情報をもとに創作したものと充分考えられる。

Dは、主に桐原老人の出雲弁の語りの中に出て来る情報だが、松江藩内に茶の湯の習慣を広めた不昧公（松平家七代目藩主・松平治郷）や雲州算盤の創始者・村上吉五郎は、地元ではよく知られた実在の人物である。

一方で、亀嵩は俳句がさかんな土地だという話に関しては、私自身も奥出雲出身ではあるが、正直なところ全くピンとこなかった。小説が書かれた昭和三〇年代当時はどうだったかわからないが、現在は地元でも知る人はほとんどいないだろう。

しかし、前出の山口政幸氏は、松尾芭蕉の門人が開いた美濃派の系譜に、子琴という俳諧師が実在した事実を突き止めるとともに、一八二四（文政七）年に子琴が亀嵩に滞在して五竹庵の名で編纂した『春のおもひ』という追悼句集を発掘、二〇一七（平成二九）年に翻刻した。[18]

山口氏によると、たたら製鉄で財を成した奥出雲の鉄師、絲原家の九代目当主らが先代などを追悼する句会を、現在も亀嵩にある門善寺で開いたという。その時の句集が『春のおもひ』で、草稿は絲原記念館が所蔵しているとのことだ。このような地元でもあまり知られていない亀嵩と俳句、子琴にまつわる話を、当時の読売新聞松江支局の記者は、地域の歴史・文化に詳しい人物に取材して聞き出したと推測される。

清張自身、戦前小倉にいた時から俳句を嗜んでいたことで知られている。『砂の器』でも、俳句を趣味とする今西が、秋田から東京へ帰る汽車の中で同行した吉村刑事に自作の句を披露する場面がある。さらに亀嵩では、今西が俳句を詠むことを知った桐原老人が、家宝の探題箱や昔の俳人の短冊などを見せて、二時間も話し込んだ。桐原に気に入られて帰京後に算盤を送られた今西は、その後も手紙のやりとりを続け、やがて本浦千代吉という人物の特定につながる。

このように物語の展開において、俳句が果たす役割は意外と大きい。その意味では、もしかすると亀嵩と子琴の話について、俳句の愛好者である清張が執筆前から知っていたことも考えられないではないが、今のところその可能性は低いように思う。

Eもまた、桐原老人の語りの中で述べられている事柄である。厳密に言えば、これらは小説の中の現在（今西が亀嵩を訪れた時点）の話なのか、それとも三木が亀嵩で巡査をしていた戦前の話なのか、時制がやや混乱しているのと、きちんとデータの裏付けがある話なのかどうか定かではない。ただ地域の人々の暮らしぶりや生業など、経済・社会的な側面に注目するのは、いかにも新聞記者の視点らしい。Dの歴史・文化的視点と合わせて、地域を立体的にとらえようとする記者ならではの取材が、この亀嵩の場面にはよく反映されているように思う。

ディープな出雲弁を再現

小説『砂の器』の第六章第四節、今西が亀嵩を訪れる場面には、亀嵩という土地に関するさまざまな情報が書き込まれているが、それ以上に読者に強烈なインパクトを与えるのが、桐原老人が語る出雲弁である。桐原老人の台詞はこの場面全体で三二あるが、その中で来訪者の今西を迎え入れて抹茶を勧める冒頭の部分から、五つの台詞を抜き出してみる。[19]（ルビは原文のまま。傍線は筆者。また、それぞれの台詞に筆者が番号を振った。）

1「まあ、この暑い時ね、ご苦労はんでしたね」

2「まあ、きちゃないことをしちょオましが、どうぞこっちへ上がってくださいませ」

3「こらあ――ほめてもらあやなもんであアませんが」

4「こげな田舎《ざいご》のことでしもんだけん、なんだりあアませんだども、お茶の習慣《しいかん》だけは昔からのこっちょりましてね、何分ね、出雲の殿さんが松平不昧公《まつだいらふまいこう》だった関係でいまだね、その風習《ふうしい》が残っちょオましだ」

5「東京からござらっしゃった衆《しゅ》には恥ずかしが、――まあ、こぎゃんな土地柄《がら》でし」

桐原老人の出雲弁は、私のような奥出雲の出身者が読んでも、ほぼ完璧と言っていいほど真に迫っている。しかも、まさに私が子どもだった昭和の頃に耳にした、当時の年配の人たちが話していたディープな出雲弁である。おそらく令和の今では、地元でもこうした伝統的な出雲弁の使い手は少なくなっているのではないか。

音声的な特徴では、例えば1と4の傍線部の〈ね〉は、〈に〉の音が訛ったものである。出雲弁では母音の〈い〉と〈え〉の区別が曖昧になる。

また4では〈習慣〉〈風習〉にわざわざルビを振って、〈しゅう〉が〈しい〉に近い音になることを表している。その例に倣うと、5の〈衆〉も〈しい〉とルビを振ってもよい気がする。実際「あの人」の意味で「あのしい」ということもある。

4、5の〈でし〉は〈です〉の意味だが、実際には〈し〉と〈す〉の中間音が使われる。これに加えて、〈ち〉と〈つ〉、〈じ・ぢ〉と〈ず・づ〉などの区別が曖昧なのが東北弁とも共通する音韻上の特徴で、「ズーズー弁」と呼ばれる所以である。

3は〈もらうような〉が〈もらあや（あ）な〉、〈ありません〉が〈ああません〉となっている。連母音の〈あう〉が〈ああ〉となったり、語中のラ行の子音が欠落し前の母音を延ばす形になったりするのも、出雲弁の特徴である。

また、出雲弁ならではの独特の言い回しも使われている。2の傍線部は「汚いことをしていますが」の意味で、家に客を迎える時などによく使われる定型的な謙遜の表現である。

さらに5では〈田舎〉にルビを振って〈ざいご〉と読ませている。これは出雲に限らず、東北や北陸などにも共通する言葉である。「在郷」が語源と言われ、東京などの都会で聞くことはまずないが、地方の農村部などではよく使われている。

このように清張の筆は、テレビなどで方言が扱われる場合にありがちな「なんちゃって出雲弁」とでもいうような表面的な模倣にとどまっていない。訛りの音声的な特徴だけでなく、独特の語彙や言い回しも含め、細部に至るまで徹底して出雲弁の忠実な再現に力を注いでいることがわかる。

逆にここまでリアルに文字にすると、他県の人たちに正しい意味が伝わらないのではと心配になるくらいである。まして『砂の器』は新聞連載という形で全国の読者に届けられていたことを考えると、注釈なしでディープな出雲弁をそのまま文字にすることは、非常に大胆な試みであったともいえる。

それでも清張があえてそうしたのは、やはり出雲弁は物語の鍵となる重要な要素であると考え、その特殊性を具体的に描くことで、読者に強く印象づけるねらいがあったものと推測できる。

算盤会社が意外な協力

亀嵩の土地に関してさまざまな情報を取材し、報告するのは新聞記者の得意とするところだったろう。だが、出雲弁となるとなかなかそうはいかない。全国紙の地方支局に勤務する記者は、本社のある東京や大阪で採用され、配属されるケースが多い。当時の読売新聞松江支局の記者も島根の出身者ではなかった可能性は大いにあるだろう。

仮に記者が島根生まれで出雲弁ネイティブだったとしても、話し手によって微妙に変わるニュアンスまで、正確に文字で伝えることは、容易ではない。例えば、奥出雲で算盤製造業を営む老舗の老主人が東京からの来客に接する時の出雲弁は、地元の者同士が普段話す時の出雲弁とは、自然と言葉遣いが違ってくるのである。

一九二二（大正一一）年に創業し、

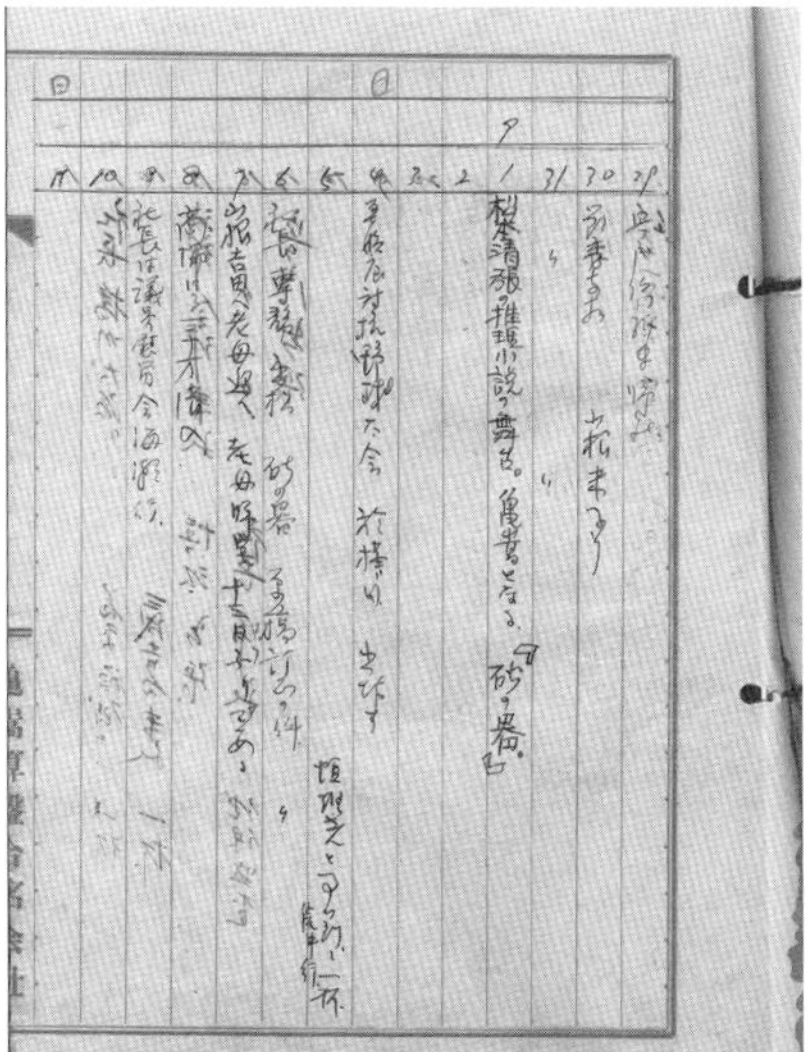

亀嵩算盤合名会社営業日誌（1960年）
写真提供/若槻昭宏さん

雲州算盤を製造販売してきた亀嵩算盤合名会社に読売新聞松江支社から相談があったのは、『砂の器』の新聞連載が始まって三か月半ほど経った一九六〇（昭和三五）年九月のことだった。その時のことを記録した貴重な資料が現存している。手書きで綴られた同社の営業日誌である。[20]

その九月一日の欄に〈松本清張の推理小説の舞台、亀嵩となる。『砂の器』。〉という記載がある。また九月六日には〈社長 専務 出松 砂の器 原稿訂正の件〉と書かれている。日誌を保管する若槻昭宏さんによると、当時の会社は昭宏さんの祖父にあたる社長の若槻健吉氏、その実弟である専務の山根勇吉氏、同じく下の弟の若槻卯吉氏の三兄弟を中心に運営されていた。卯吉氏は総務担当として営業日誌をつけていた。

読売新聞松江支局からの方言校正の依頼を受けて、兄弟三人は一週間ほどかけて校正を行い、社長の若槻氏と専務の山根氏が松江の読売新聞に打ち合わせに出向いた。日誌の〈出松〉とは松江に出るという意味だろう。

算盤会社の役員たちが出雲弁を校正するというのは、かなり意外な感じがする。方言の校正であれば、ふつうは地元の方言の研究家や郷土史家などに依頼するのではないか。だが、おそらく徹底してリアリティーを追求する作者・清張の意向で、あえて桐原老人という登場人物の属性に近い同業の人たちに依頼したものと考えられる。

ちなみに、作品中に桐原家の家宝として登場する村上吉五郎作の探題箱（振り出し探題）は、若槻家が所蔵していたものだった。亀嵩と俳句、子琴にまつわる話の情報源も、この算盤会社の誰かだったに違いない。

彼らによる出雲弁の校正作業が、具体的にどのように行われたかは定かではない。ふつうに考えれば、清張が標準語で書いた草稿を、若槻氏らが出雲弁に「翻訳」していくようなイメージだろう。

この時の「翻訳」作業について、一九九二（平成四）年八月に清張が亡くなった時、読売新聞の島根版に掲載された追悼記事の中で、山根勇吉氏が振り返っている。

村上吉五郎作「振り出し探題」（江戸時代）
写真提供/若槻昭宏さん

「先生は作品に厳しく、（仁多弁の翻訳は）よりリアリティーを持たせようとしてのことだったと思います。でも、仁多弁は難し過ぎたのか、新聞では方言は少ししか出てきていませんでした」[21]

先述したように桐原老人の台詞は三二あるが、それでも「方言は少ししか」使われていないという印象を山根氏は持っていたようだ。もしかすると、清張は当初もっと多くの台詞を用意して山根氏らに「翻訳」を依頼したものの、最終的に作品に採用したのはその中の一部だったのかもしれない。

ちなみに、この記事で山根氏は、後日清張に算盤を送ったところ、しばらくして連載中の作品の中に算盤のことが「何気なく載って」いたと回想している。小説の第一一章第四節に、東京に帰った今西に桐原老人から算盤が届くくだりがあるが、おそらくこのことを指しているのだろう。

さて、実際に完成した出雲弁の台詞を読むと、例えば前出の「きちゃないことをしちょオましが」と言って今西を迎えるところなど、風雅な老舗の主人という人物像や遠方からの来客対応というシチュエーションに合わせて、言い回しや言葉の調子などで微妙なニュアンスが加えられていて、いっそうリアルな出雲弁に仕上がっている。

若槻氏や山根氏による校正は、標準語から出雲弁への「逐語訳」にとどまらない、もっとクリエイティブな作業だったと想像する。孫の昭宏さんが親族から聞いたところでは、社長の若槻健吉氏は、例えば「おいしいすしや」をどう仮名書きすれば出雲弁らしいかなど、家でも子どもたちと方言について話し合い、あれこれ考えを巡らせていたという。

おそらく読売の松江支局には、東京から清張の代理人として編集者の山村が来ていて、若槻氏らの提案も踏まえながら綿密に打ち合わせをし、台詞の表現を固めて行ったのではないだろうか。

桐原老人が登場する場面が読売新聞の夕刊に掲載されたのは、九月八日から一二日までで、連載の第一一五回から第一一九回にあたる。亀嵩算盤合名会社の営業日誌と照らし合わせると、九月六日に松江で校正打ち合わせがあり、そのわずか二日後に夕刊購読者の目にふれたことになる。このスピード感は、やはり日々のニュースを迅速に伝える新聞ならではのものだろう。

当時はまだ出雲空港はなく、米子空港に大阪便が一日一便運航しているだけだった。しかし、例えば六日に松江で若槻氏らと打ち合わせをした山村が、翌日原稿を持って東京に戻り、夜のうちに清張と最終確認を行えば、八日の朝に当日分だけでも出稿し、夕刊に間にあわせることが可能だったはずである。

まさに清張が要望した通り〈新聞の持つ機能をフルに利用〉できたからこそ、『砂の器』という小説が成立したといっても過言ではない。また算盤会社など亀嵩の協力者をはじめ、多くの関係者の熱意によって執筆が支えられていたことも忘れてはならないだろう。こうした人々の熱量の集積は、やがて小説の映画化へと引き継がれていく。

(3) 映画化までの紆余曲折

映画化に積極的だった清張

ここからは、原作小説をもとに映画『砂の器』が製作されるまでの過程を、亀嵩や木次線との関わりにも注目しながら見て行きたい。

松本清張の小説『砂の器』が新聞連載の形で世に出たのは、一九六〇(昭和三五)年だが、映画『砂の器』が製作、公開されたのは一九七四(昭和四九)年だった。実に一四年もの歳月が経過しているが、映画化の構想自体は新聞連載が始まったのとほぼ同じ時期に持ち上がっていた。

脚本を担当した橋本忍に取材した映画史研究家の春日太一氏は、約一五時間に及ぶという橋本へのインタビューをもとに『砂の器』映画化の経緯をまとめている。[22]それによると、『砂の器』の新聞連載を始める前から、清張は橋本や監督の野村芳太郎を招いた食事会の席で、橋本たちに映画化を依頼していたのだという。

一九一八（大正七）年生まれの橋本は、一九五〇（昭和二五）年に黒澤明監督の映画『羅生門』（大映）で脚本家としてデビュー。同じ黒澤作品の『生きる』（東宝、一九五二年）、『七人の侍』（東宝、一九五四年）やテレビドラマ『私は貝になりたい』（ラジオ東京テレビ、一九五八年）などの名作を手がけ、数多くの脚本賞を受賞していた。

清張との出会いは、一九五五（昭和三〇）年。清張が書いた短編小説『張込み』を映画化するにあたって、橋本が清張の自宅を訪ねたのが最初だった。清張の提案で二人は一緒に警視庁を訪ね、映画への協力を取りつけたという。

橋本は映画評論家・白井佳夫氏との対談で、次のように語っている。

（前略）それをきっかけに、監督の野村（芳太郎）さんが、サードだった山田洋（次）ちゃんといっしょに警視庁の殺しの刑事の後を二ヵ月間、毎日ついて歩いたの。だから、あの映画は実際に殺しの刑事の後について監督もいっしょに歩くところから始まったんです。
そのきっかけをつくったのは清張さんなんだ。自分が切り出していっしょに行って、警視庁の協力までとって、それで作品を少しでもよくしようという、そういう原作者は少ないですよ。人の良さというか、よくできている人という感じ。そのことが非常に感動的に残ったから、その後も松本さんのものは無条件でやってきたという感じがするんですね。[23]

清張は自分の作品の映画化に非常に積極的な作家だったことが、多くの関係者によって語られている。こうして製作が始まった松竹映画『張込み』は、三年後の一九五八（昭和三三）年に公開された。

清張の人柄にも惹かれた橋本は、その後もいわゆる「清張映画」の脚本を次々と手がけていく。東宝製作の『黒い画集　あるサラリーマンの証言』（一九六〇）を経て、再び松竹が製作した『ゼロの焦点』（一九六一）では、監督・野村芳太郎、撮影・川又昂、共同脚本・山田洋次という『砂の器』と全く同じ顔ぶれがチームを組んでいる。この作品は、石川県・能登金剛にあるヤセの断崖で主人公と犯人が対峙するクライマックスシーンが評判を呼び、その後のテレビのサスペンスドラマなどで同様の崖を使った演出が定番化する原点となったことでも知られている。
清張が橋本や野村を食事会に招いて『砂の器』の映画化を依頼したのは、おそらく『ゼロの焦点』の映画化の準備が進んでいた時期で、既にお互いの間に『張込み』以来の濃密な信頼関係が築かれていた。もちろん食事会での会話は非公式のもので、山田によれば、正式には監督の野村が松竹と話をして映画化を決め、橋本に脚本を依頼する形をとったようだ。[24]

脚本コンビ　亀嵩へ

後に『男はつらいよ』シリーズなどのヒットで、日本を代表する映画監督の一人となる山田洋次は、一九五四（昭和二九）年に松竹に入社し、当時は助監督を務めながら自らも脚本を書いていた。橋本の脚本を手伝うように監督の野村に言われ、『砂の器』に関わることになる。山田は一九七八（昭和五三）年の自著で、次のように回想している。

たいへんおもしろい小説で、ひと息に読んでしまったのですが、さてこれを映画化するとなるとさっぱり見当がつかない。あまりにもストーリーが複雑すぎて映画にはちょっと無理ではないか、というのが私の感想でした。[25]

メインで脚本を担当した橋本も、清張の原作について、山田よりもさらに厳しい印象を持ったようだ。橋本は原作を読んだ感想を、春日氏によるインタビューではこう語っている。

「いや、まことに出来が悪い、つまらん。もう生理的に読めないの。半分ぐらい読んだけど、あと読まないで、どうしようかと思ってたんだけどね…」[26]

橋本と山田は頭を抱えながらも、亀嵩までシナリオハンティング（脚本を書くための取材）に向かう。橋本はこの時の二人のやりとりを、いくつかのインタビューで語っているが、ここでは第一章でも引用した西村雄一郎氏の著書から紹介する。

とりあえず、一緒に書いてくれる洋ちゃんと、シナハンに米子まで飛行機で飛んで、出雲に鉄道で行ったのよ。松江が近くなった頃、「あれ、しんどいな」、「どうやったらいいか、分らんよ」と、僕は泣き言を言ったんだ。一応引き受けたんで、とりあえず現地まで行ったけど、やっぱりダメで、保留という形にしようかと思った。僕は、洋ちゃんが「そうですね、やっぱり無理ですね」と言うかと思ってた。ところが、そこで洋ちゃんが居直ったのよ（笑）。「なんのために、ここまで来たんですか？　やらなきゃしょうがないでしょう」と、松竹代表みたいなこと言うんだ（笑）。[27]

二人が亀嵩へ旅したのは、『砂の器』の新聞連載が完結した後で、後述する資料によれば、一九六二（昭和三七）年二月一日から二日にかけてのことだった。当時、橋本は四三歳、山田は三〇歳である。

後に山田は「清張映画」をテーマに評論家の川本三郎氏と対談を行っているが、それによると、二人はこの時木次線に乗って亀嵩へ向かった。当時の木次線は蒸気機関車が中心だったが、山田はその様子を「ローカル線は生き生きと活動してました」と語っている。この時、車中の橋本は腰痛に悩まされて非常に辛そうな様子だったという。

あのころ橋本さん、腰が痛くてね、腰にベルトをはめているんです。コルセットかな。フーフーいいながら、辛抱して列車で行ったものです。「疲れ果てて亀嵩に到着するということが大事なんだ」とおっしゃるんですよ。[28]

橋本が身体の不調を押してまで、遠路はるばる奥出雲の地に足を運んだのは、『ゼロの焦点』を手がけた時に、ある失敗を経験していたからだった。

『ゼロの焦点』は北陸が舞台だが、橋本はシナリオハンティングをせずに脚本を執筆したという。主人公の女性が失踪した夫を探すため、上野から急行列車で金沢に向かう場面で、橋本は列車の窓から日本海が見えると書いた。ところが、実際に監督の野村やカメラマンの川又らが撮影してきたラッシュ（未編集のフィルム）を見た橋本は「あっ」と思う。想定していた場所では、海は見えなかったのである。前出の白井氏との対談で、橋本は「これはとんでもない大失敗をしたわけで、その後のものは必ず現場を踏むという、癖がつくようになったんじゃないかな。」[29]と振り返っている。

亀嵩の米、餅、そばが名作を生んだ？

この時の橋本たちの亀嵩取材旅行に関する二つの貴重な資料が、奥出雲多根自然博物館の館長、宇田川和義さんの手元にある。宇田川さん自身も映画『砂の器』とのゆかりが深い人物の一人だが、そのことについては第四章で述べる。

資料の一つ目は、宇田川さんの叔父で、当時、仁多町（現・奥出雲町）役場の総務課長を務めていた宇田川實氏の手帳である。町民用に作られた小ぶりのもので、灰緑色の表紙には仁多町の町章と「1962」の文字が入っている。つまり一九六二（昭和三七）年の記録ということになる。

東京からやってきた橋本たちを亀嵩に案内した實氏は、二月一日（木）の欄に、次のように記している。

> 小説「砂の器」映画化のため松竹映画KKより脚本家橋本忍氏外2名来庁　警察及亀嵩へ案内　村上旅館にて1泊泊る　小生中屋にて泊る[30]

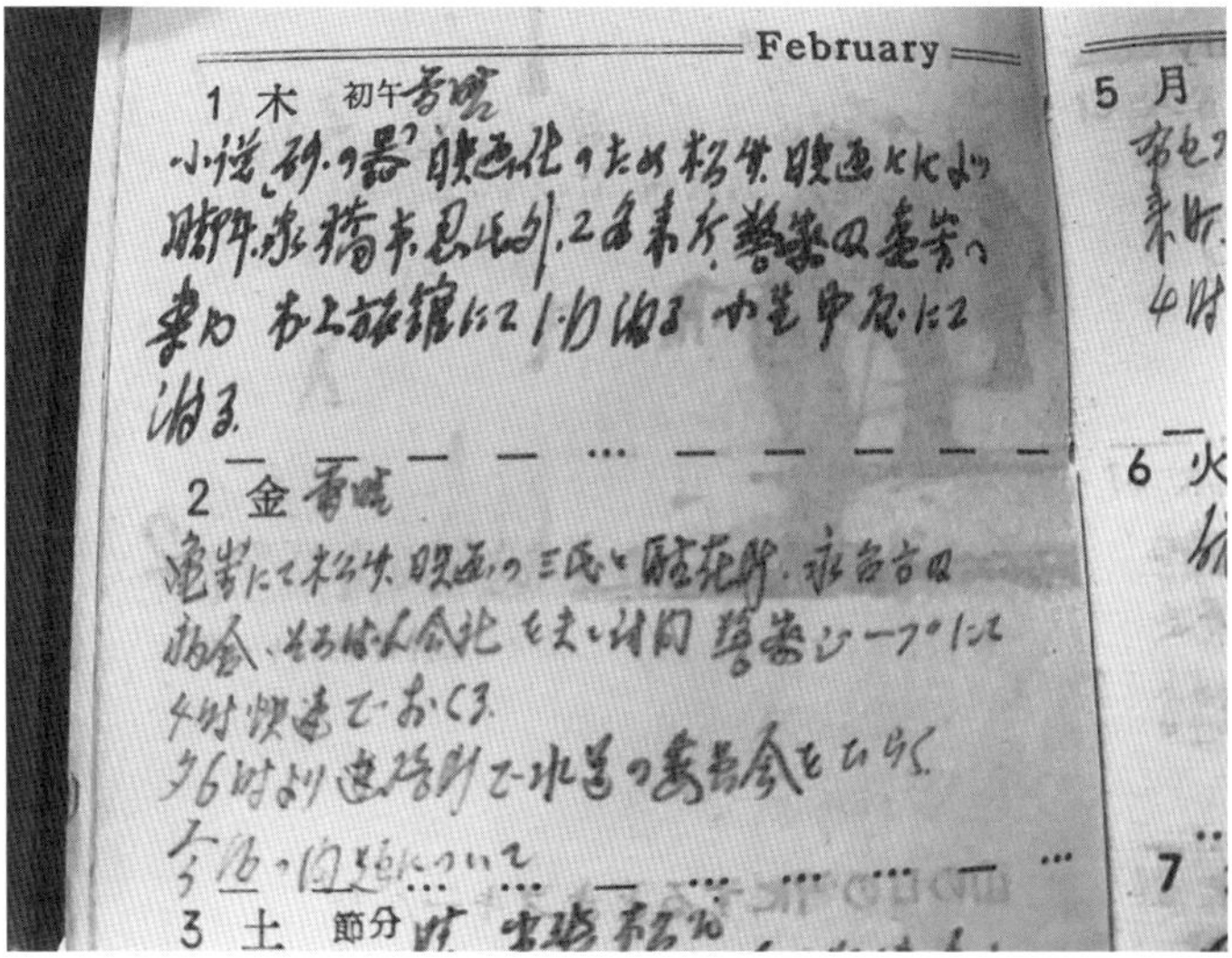

宇田川實氏手帳（1962年）

この記述から、亀嵩を訪れたのは橋本と山田のコンビだけではなく、実際にはもう一人いて、一行は計三名だったことがわかる。橋本たちは『砂の器』の今西刑事と同じく、木次線の出雲三成駅にまず降り立ち、仁多町役場を訪ねてから、宇田川實氏の案内で三成警察署に向かい、さらに亀嵩へ入っている。一行が宿泊した亀嵩の村上旅館は、今も営業する老舗の宿である。また案内役の實氏が宿泊した「中屋」とは、親戚の家の屋号だという。

続けて、翌二日（金）の欄にはこう書かれている。

亀嵩にて松竹映画の三氏と駐在所　永場方及　病舍、そろばん会社を大々訪問　警察ジープにて4時快速でおくる[31]

橋本たちが実際に亀嵩を見て回ったのはこの二日目で、作中で三木謙一が勤務していたとされる亀嵩の駐在所の他、病舎（隔離病舎のことか）、地場産業である算盤の製造元を訪問したようだ。「永場」とは不世出の名工といわれた永場台三郎氏の工房であろう。作品と同様に、移動には警察のジープを使っていた。

宇田川和義さんが所有する二つ目の資料は、一九八三（昭和五八）年一〇月二三日、亀嵩の湯野神社前に『砂の器』の記念碑が建立された除幕式の日、記念行事として仁多町体育館で行われた講演の録音である。

本章の（1）でこの講演での松本清張の発言を引用したが、この時、清張に続いて橋本も演壇に立ち、亀嵩への取材旅行のことを回想している。それによると、当日（二月一日）東京を出発する時は晴れていたが、大阪空港を経由して米子空港に降り立った時には雪が降り出していたという。橋本たちは米子から山陰線に乗り、宍道で木次線に乗り換えて出雲三成で下車した。

そのうちにこの出雲三成に来て、だいたい松本さんが書かれているような経路を通って、三成の警察行きまして、ちょうど雪がそんな風に降り始めているものだから、警察の署長さんが、ちょうど小説と同じような形になったんですが、ジープ出してもらって、それで亀嵩へ入った。

亀嵩入ったのは夕方でしたけども、田舎の古びた街並みみたいなものがあって、泊った旅館ですが、表に小さな川が流れてるんですね。道に沿って、こんな幅の溝なんですね。その両端にこう、鉄の板みたいなものでとめてあって、中は何がいるのかなと思ったら鯉が泳いでいるんですね。夜は、その鯉こくがすごく美味しかったんですね。僕も鯉こくってのはあちこちで食べたことがあるんですが、ちょうど寒い時期で一番脂がのってて美味しかったんだと思うんですね。その時に鯉こくと一緒に食べたご飯、お米がすごく美味しかったんです。それで「ここはお米が美味しいですね」ってお宿の人に言ったら、「美味しいですよ、ここの米は美味しいんですよ。明日の朝はお餅にしてあげます」っていう訳ですね。

それで朝になるとほんとうに臼を土間に置いて、杵で餅つく音で目が覚めて。で、そのお餅をいただいて、それでおそばも付きましたですね。それでそのお餅ってのが、すごくやっぱり僕は美味しかったんです。それは感覚的に言うと、歯で噛まないと、歯で思い切って噛まないと嚙み切れないいんですね。それだけ歯ごたえがあって硬い訳ですね。それをいっぺん口の中で歯で噛んでしまうと、後は粘りが出て来るんです。ああいうお餅ってのは、僕食ったことは初めて。ほんとうに美味しかったんですね。その後でいただいたそばも、すごく美味しかった。[32]

話が少々先回りするが、この時に亀嵩で食べた米や餅、そばの味の記憶が、後に橋本が橋本プロダクションを設立し、プロデューサーとして映画『砂の器』の製作に取り組んだ際に、一つの大きな決断をさせ、それが作品の成功につながったのだという。橋本は次のように語っている。

その時に、やはり独立プロで作るんだから、製作費、お金の問題もあるし、亀嵩はこれは外したらやはり困る。だけど東北の亀田だとか、石川県の山の中だとか、そういうかなり大がかりなロケーションをやるってのは容易じゃないと。そういうところは東京の近場の、千葉県の真ん中あたり行くと適当な場所が当時あったわけですね。だからそういうところでやるべきじゃないかなって僕は思ってたんですが。

そうこうしてるうちに、『砂の器』って何回か考え直してる間に、僕にはやはり一番印象に迫ってくるのはお米のおいしさと餅とそれからそばなんですね。どうしてなんだろうと考えるんですけどね。お米っていうのは全国どこにでもあると。餅もそうだし、そばだってどこにもあるよっていう。でも、そこのところで、非常においしいところと、さほどでもない、いろんな差が出て来るんですね。ひょっとするとそういうものは、風土と人、そこの風土でなければできないし、そこの人とそこの風土がないと、なんかできない味かもしれない。そうすると『砂の器』というものは、そういう風土と人、あるいは人と風土というものは、作り方の根本にあるんじゃないか。そういうふうに考えた時に、製作費ってのはきつくなっても、東北の亀田ということになれば絶対亀田、石川県の山中っていうことには石川県、伊勢行くっていうと伊勢へ行く。

それから親子の旅っていうものは、全国の一番ここがいいっていうところでやる。そのために野村さんが、全国ロケハンだけで五万キロ走られたわけですね。そんなふうにこう、行って作ろうと思ったところが、松竹さんが、前からの企画が松竹の元々ものだったし、どうしても一緒にやりたいということで、まあ本筋だろうということで、映画作ったわけですね。

言い換えてみると、『砂の器』って映画、そんなふうに分厚くなったというのは意外に、亀嵩だけではなく、全国決まったところは必ず行くんだっていうふうに僕に割り切らせた、ここのお米であり、餅であり、そばだった。

だから今日も除幕式の時、ずっとそういうふうに考えていたんですが、ああ碑ができる、それはそのなんていうのか、今までは自分の皮膚感覚だけのものしか残らなかったけども『砂の器』という映画はひょっとしたら、それと違った意味で、僕に残るんではないかと。そういうものを生み出してくれたのは、案外、この土地の風土ではなかったか。そういうものが『砂の器』って映画を作り上げてくれた。今そんなふうに考えています。[33]

この時の講演は地元の人たちに向けてのものであり、いくらかリップサービスの要素もあったかもしれない。しかし旅の宿で出された食事に舌鼓を打つだけでなく、そこから思考を突き詰めて「風土と人」というテーマにまでたどりつき、名作に昇華させたのは、やはり映画人・橋本忍の面目躍如というところだろう。

父子の旅に着目

時計の針を戻す。あまりにもストーリーが複雑すぎて映画化は困難に思えた清張の原作。新聞の切り抜きを半分読んで投げ出したという橋本だが、それでも一つの活路を見出していた。橋本は亀嵩へ向かう道中でのこととして、山田とのやりとりを記憶していた。

「新聞切り抜きの真ん中くらいに、親子の旅のことで、この親子が生まれ故郷を出て日本海側を通り山陰に入った。それとも一度、京都、大阪を経て山陽路から岡山、広島を経て山陰に入った、その旅のことはだれにもわからないという、二、三行の記事があったよね」「ありました」「それだけで映画一本つくろうよ」「できますか」って言うから、やってみようということで、洋ちゃんと、刑事の歩いたところを全部歩き、東京に帰ってきた。頭でそういう割りきりがあったから、あれがいちばん早くできた。三週間かかってないんじゃない。[34]

一方の山田も自著の中で、ほぼ同様の会話があったことを書いている。ただし、山田の記憶では、橋本とのやりとりは、ある日の打ち合わせの席だったことになっている。この打ち合わせが亀嵩行きの前だったか後だったかは書かれていない。[35]

小説の中で橋本が着目した箇所については、橋本も山田もいくつかのインタビューや著作などで言及しているが、どちらの記憶も正確ではないようだ。それはおそらく、小説の「第一七章　放送」第四節、捜査会議での今西の発言の以下の部分であろうと考えられる。

本浦千代吉は、発病以後、流浪の旅をつづけておりましたが、おそらく、これは自己の業病をなおすために、信仰をかねて遍路姿で放浪していたことと考えられます。[36]

また「第一三章　糸」第四節には、今西が本浦父子の故郷である石川県の村を訪ね、千代吉の別れた妻の姉と会う場面が描かれている。今西と義姉の会話にも、父子の放浪のことがでてくる。ここもあるいは、橋本のイメージをかき立てたのかもしれない。

「千代吉さんが出ていかれたのは、どこか当てがあったのですか？」

「はい、当てというほどではありませんが、ああいう病気によく効く寺まわりをはじめたのです」

「それでは、全国をまわられたわけですね。つまり、お遍路みたいなことですね？」

「そうだと思います」[37]

さらに橋本は、第一章でふれたように、捜査会議、演奏会、父子の旅の回想の三つのシーンを同時進行で描く斬新な構成を思いつく。映画の骨格となる大方針を決めたことで、執筆のスピードも一気に加速。橋本と山田は旅館に泊まりこむなどして、わずか三週間でシナリオを書き上げ、松竹のプロデューサーに手渡した。山田はこう回想している。

プロデューサーを呼んで「できあがった」と言ってドンと渡して、「読んでちょうだい」と。

保住一之助さんというプロデューサー、酒飲みでちょっといいかげんな彼が読みながら、後半でメガネを取って涙をふいた。それを見て、橋本さんと二人で顔見合わせて「してやったり」と。そんなことを覚えてます。[38]

松竹はゴーサインを出し、野村芳太郎監督のもとで映画『砂の器』の製作に向けて動き出す。だが、作品が日の目を見るまでに一〇年以上もかかるとは、この時誰も思っていなかった。

社長命令でお蔵入り

松竹大船撮影所で助監督を務めていた杉岡次郎の回想によれば、最初に映画『砂の器』の製作が始まったのは、一九六二（昭和三七）年五月公開の野村芳太郎監督作品『左ききの狙撃者　東京湾』が完成した後だという。杉岡はハンセン病に関わる業務を担当した。〈日本医科大学の病理の先生〉に脚本を読んでもらい、問題点を指摘してもらった。それを橋本と野村に伝え、二人は脚本の書き直しを了承。そして、一部のシーンの撮影が行われた。

まず春の場面を、桜が散りはじめる頃をねらって、神奈川県の厚木の小学校で親子の彷徨うシーンを撮影しました。この時も父親の役は加藤嘉さんで、モノクロでした。[39]

しかし、撮影が始まったばかりのこの段階で、スタッフに衝撃が走る。当時の松竹社長、城戸四郎が製作の中止を命じたのである。

城戸は関東大震災の翌年、一九二四（大正一三）年に松竹蒲田撮影所の所長となり、プロデューサーとしての手腕を発揮。それまでの映画に多かったお涙頂戴的な悲劇ではなく、庶民の生活の中に題材を求めてその哀歓を描く「蒲田調」のスタイルを開拓した。一九三六（昭和一一）年に撮影所が大船に移転してからも「蒲田調」を引き継いだ「大船調」の作品群や、木下惠介、小津安二郎といった巨匠の手による名作、話題作を数多く世に送り出し、日本映画の黄金時代を築き上げた人物である。その権威は絶大だった。

城戸が『砂の器』の製作をトップダウンでストップさせた理由について、助監督の杉岡は〈病気に関してのことを心配して中止命令が出てしまいました〉[40]と書いている。

また『映画の匠　野村芳太郎』の編者、小林淳氏は同書の作品解説で〈主な理由が、主人公の和賀英良の父親・千代吉がハンセン病患者だから観客に嫌悪感を抱かせるという、にわかには信じがたいものだった〉[41]と述べている。

これに対して、橋本とともに脚本を担当した山田は、前出の川本氏との対談の中で、城戸が反対した理由はハンセン病に関するものだったかを問われ、次のように答えている。

そうじゃなくて、予算の問題です。城戸さんはだいたい刑事ものが気に入らない人で。「おれは刑事が活躍する映画は嫌いだ」と言う人です。[42]

おそらく城戸が中止を命じた理由は一つではないだろう。当時はハンセン病に対する差別や偏見が今以上に根強く、映画でどのように描くのかは非常に難しい課題だった。また、父子の放浪の旅を映画の核となるシーンに据えたことで、当然ロケが多くなる。ロケは天候にも左右されるため、通常以上に撮影日数や予算がかかり、製作費がかさむことが予想された。ただ、城戸が個人的に「刑事ものが嫌いだから」というのは、松竹はそれまでも『張込み』など「清張映画」で評判を得ているのだから、会社として製作を中止しなければならない理由にはなりづらい。あくまでも後付け的な解釈ではないか。

いずれにしても、城戸の鶴の一声によって映画『砂の器』の製作は中止され、脚本も企画そのものもお蔵入りとなった。そのまま消えてしまったかもしれない映画化の企画が奇跡的によみがえるのは、それから約一〇年後のことだった。

作り手たちの執念

一度お蔵入りになった企画が復活したのは、映画会社ではなく、脚本家・橋本忍、そして監督・野村芳太郎という作り手個人の執念によるところが大きい。そもそも映画化の話は、この二人が原作者の松本清張から、ぜひやってほしいと直接依頼されたところからスタートしたものだった。

映画化が実現するまでの詳しい経緯は、前出の春日氏の論考に詳しい。[43] 動きだけに絞って要約すると、松竹から「他でやりたいなら自由にやってよい」と言われた橋本は、東宝、東映、大映に話を持ち込むが、いずれも断られる。橋本は、一九七三（昭和四八）年に橋本プロダクションを立ち上げ、自前で映画化することを決意する。すると東宝から、他の東宝作品の脚本を橋本が引き受けることを条件に、製作費を出すとの申し出があり、一度はその方向で話がまとまろうとしていた。

問題は、誰が監督を務めるかだった。先にふれた小林氏の作品解説によると、野村はこの作品を撮れるのなら松竹を退社してもよいとまで考えていた。後に映画が公開された際の劇場用パンフレットに、この作品にかける野村の強い思いが綴られている。

（前略）「砂の器」は、橋本さんの第一稿が出来た14年前から、まるで此のシナリオのテーマである〝宿命〟の如く、なんとしてでも映画化すると、心に決めて来た作品です。[44]

東宝で『砂の器』を撮りたいと、野村は会社に告げる。日本映画の草分けの一人、映画監督の野村芳亭を父に持ち、二代にわたって松竹に尽してきた野村。その並々ならぬ決意に慌てた松竹は橋本に、橋本プロと松竹の共同作品とすることを提案、最終的にその形で話が決まったのである。

一九七四（昭和四九）年の一月に、映画『砂の器』はクランクインする。「怪我の功名」という表現が相応しいかどうかわからないが、企画されてから一〇年以上も時間が経過したことによって少なからぬメリットがもたらされ、コンテンツとしてのクオリティーがいっそう高まった。

何と言っても大きいのは、当初進められていたモノクロではなく、カラー作品として製作されたことである。特に父子の放浪のシーンでは、事前に野村と撮影監督の川又昂が時間をかけて日本各地を歩き、入念なロケハンを行ったことによって、日本列島の四季折々の風景を色彩豊かにとらえることに成功した。これらの映像は、失われつつある昭和の日本の風景の記録としても、これからますます貴重なものになっていくに違いない。

演出面でも準備に時間をかけられたことで、オーケストラと千人以上ものエキストラを動員したクライマックスの演奏会のシーンなど、超大作の名にふさわしい壮大なスケールの作品が実現したと言えよう。

大船撮影所の助監督だった杉岡は、この時既に松竹を退職していたが、プロデューサーを兼ねていた橋本から手伝ってほしいと頼まれ、ハンセン病の関係者とのやりとりの窓口となった。病院から専門書を借りて千代吉役の加藤嘉のメイクを研究したり、関係者に撮影に立ち会ってもらったりするなど、尽力した。杉岡は、製作が一度中止になったおかげで〈多くの準備をすることが出来た〉と回想している。[45]

また、橋本と山田による脚本そのものも、長い歳月の中で何度も練り直され、バージョンアップしていった。二人は専門誌『シナリオ』の企画で、映画のクランクインの翌月にあたる一九七四年三月に対談をしている。今西役の丹波哲郎や和賀英良役の加藤剛など配役が決定したことを受けて、橋本は〈その俳優を生かす可能性の中で、不自然なところや無理なところを直さないとね〉と語り、具体的にいくつものポイントを挙げて、シナリオを書き直すことを明らかにしている。[46]

特筆すべきは、第一章でふれたアヴァンタイトルおよび「亀嵩」パートの「本浦父子編」で秀夫が砂の器を作る非常に印象的なシーンを、撮影が既に始まっていたこの段階で、橋本が新たに思いつき、追加するとしている点である。橋本は言う。

〈砂の器〉というのは子供の孤独で悲しい昔の遊びなんだな。和賀英良の苦しみも解るし主題も明確になる。[47]

橋本が言うように、これらのシーンを挿入し、タイトルの『砂の器』を具体的な映像に変換したことで、主題が明確になるだけでなく、観客の心に訴えかける効果も大きかった。脚本を少しでも良くするため、最後の最後まで粘り強く手を入れていた橋本。作品にかけるすさまじいまでの執念が伝わってくる。

こうした作り手たちの執念こそが、一度はお蔵入りになった企画を蘇らせ、日本映画史に屹立する不朽の名作『砂の器』を生んだのである。

1　松本清張『砂の器（上）』（新潮文庫）
2　『砂の器』記念碑建立時の講演（於・仁多町体育館、一九八三年一〇月二三日）

3 『砂の器』以後に発表された短編小説『田舎医師』（『婦人公論』一九六一年六月号）には、木次線の八川駅などが登場するが、主人公が父親の故郷を訪ねる設定は『半生の記』『父系の指』の焼き直しといえるほど酷似している。
4 松本清張『ひとり旅』（新潮社『旅』一九五五年四月号）
5 4に同じ
6 松本清張『半生の記』（新潮文庫）
7 6に同じ
8 6に同じ
9 6に同じ
10 4に同じ
11 足羽隆『松本清張と日南町』（二〇一三）
12 6に同じ
13 松本清張『父系の指』（新潮文庫『或る「小倉日記」伝』）
14 6に同じ
15 『島根縣仁多郡誌 全』（一九一九／一九七二に名著出版が復刻）
16 山村亀二郎「〝砂の器〟のころの清張さん」（文藝春秋『松本清張全集』第5巻月報、一九七一）
17 山口政幸「秋田に行く今西栄太郎―『砂の器』における取材―」（『日本文学の空間と時間 風土からのアプローチ』所収、勉誠社、二〇一五）
18 山口政幸「追悼句集『春のおもひ』翻刻―松本清張『砂の器』の舞台、亀嵩における子琴とは」（『専修国文一〇一巻』、二〇一七）
19 1に同じ
20 亀嵩算盤合名会社「営業日誌」（一九五一～六二）
21 読売新聞島根版一九九二年八月六日付
22 春日太一「橋本忍と『砂の器』」（文藝春秋『オール讀物』二〇一九年六月号）
23 白井佳夫＋橋本忍「〈対談〉橋本忍が語る清張映画の魅力」（『松本清張研究』第5号、砂書房、一九九八）※ちなみにサードとは、チーフ、セカンドに次ぐ三番手の助監督の意味。
24 山田洋次『映画をつくる』（大月書店、一九七八）

25 24に同じ
26 22に同じ
27 西村雄一郎『清張映画にかけた男たち』（新潮社、二〇一四）
28 山田洋次・川本三郎「清張映画の現場」（『松本清張研究』第13号、北九州市立松本清張記念館、二〇一二）
29 23に同じ
30 宇田川實氏手帳（一九六二年）
31 30に同じ
32 2に同じ
33 2に同じ
34 23に同じ
35 24に同じ
36 松本清張『砂の器（下）』（新潮文庫）
37 36に同じ
38 28に同じ
39 杉岡次郎「『砂の器』外伝」（集英社新書『思ひ出55話 松竹大船撮影所』、二〇〇四）
40 39に同じ
41 小林淳「野村芳太郎　足跡とその作品」（『映画の匠　野村芳太郎』、ワイズ出版、二〇二〇）
42 28に同じ
43 22に同じ
44 41に同じ
45 39に同じ
46 橋本忍・山田洋次「特別対談 橋本プロの結成と第一回作品『砂の器』映画製作原点への回帰」（『シナリオ』一九七四年五月号、日本シナリオ作家協会）
47 46に同じ

第四章　地域の記憶をつなぐ

（1）町にロケがやってきた

ロケツーリズムがなかった時代

映画『砂の器』のロケーションが、木次線沿線の町々で行われたのは一九七四（昭和四九）年の八月下旬である。観客の胸を打つ「亀嵩」パートが完成した陰には、ロケを見守り支えた地域の人々の存在があった。

映画の地方ロケをめぐる状況は、当時と今とでは大きく違っている。映画やドラマ、アニメなどの舞台や撮影地を訪ね歩く「聖地巡礼」と呼ばれる観光スタイルが注目されるようになった現代においては、地域の側からロケを誘致し、撮影の支援はもとより、公開後の観光客の受け入れまでを視野に入れた「ロケツーリズム」の取り組みが全国各地で行われるようになっている。

こうした動きは、国の各省庁が映像コンテンツのもたらす地域振興やインバウンドへの効果に着目し、さまざまな施策を打ち出し始めた二〇〇五（平成一七）年以降、特にさかんになった。観光庁（二〇〇八年発足）のホームページでは、ロケツーリズムのマニュアルまで公開されている。全国の自治体がロケの誘致や撮影協力を組織的に行うフィルムコミッションを立ち上げ、その数は約三〇〇あるという。[1]
『砂の器』が製作された昭和の頃は、まだ定番の名所旧跡などをめぐる団体旅行が中心だった。もちろん中には映画の舞台となった場所を目当てに旅する個人客もいただろうが、その動きは限られていた。ロケを経済効果と結びつける体系的なロケツーリズムやフィルムコミッションといった概念は、まだ存在していなかったのである。
そんな時代に、地方の山間地では滅多になかった大作映画のロケを、木次線沿線の人々はどのように受け入れ、協力したのか。またその経験は何を残したのか。映画『砂の器』の誕生から半世紀が経とうとする今、それぞれの立場でロケに関わった地域の人たちを訪ね歩き、ロケにまつわる記憶を語ってもらうことにした。
その前に、まずはこの時のロケがどんな様子だったのか、大まかな雰囲気をつかむために、当時の新聞記事を確認しておく。図書館のマイクロフィルムや新聞社のデータベースで探したところ、四件の記事が見つかった。これらを日付順に見ていく。

地元紙が前日に伝える

ロケの前日にあたる八月二一日（水）、地元紙の山陰中央新報は島根版で次のように伝えている。

あすから砂の器ロケ
大原、仁多郡を舞台に

松本清張原作の推理小説「砂の器（うつわ）」の映画化ロケーションが二十二日から八日間、松竹と橋本プロダクションの手で大原と仁多両郡一帯を舞台にして行われる。
ストーリーは元三成署亀嵩駐在所員だった初老の雑貨店主が東京・蒲田の国電蒲田駅構内で他殺死体となって見つかり、この犯人を一人のベテラン刑事が「関係者らしい男がズーズー弁を使っていた」という聞き込みを唯一の手掛りにして執ように追及、犯人を挙げるというもの。小説に登場する舞台は仁多郡仁多町の亀嵩駐在所付近で、ここは犯人が幼年期にライ病患者の父に連れられて放浪の旅の途中、駐在所員に救われた場所。ロケーションにはこの作品を手掛ける松竹の野村芳太郎監督をはじめ、ベテラン刑事役の丹波哲郎、亀嵩駐在所員で被害者役の緒形拳、その妻役の今井和子、放浪の旅を続けていた幼年期の犯人役の春田和彦（※）、ライ病に犯された父役の加藤嘉など総勢四十三人の撮影関係者が訪れる。小説の中の時代といまとでは、道路が舗装されたり、駐在所が新築されたりして様相が一変しているため、ロケーションは刑事が降り立つ木次線亀嵩駅のホームを仁多郡仁多町の出雲八代駅で、駅前を同横田町の八川駅で、また亀嵩駐在所は大原郡大東町下久野にセットを設けて行う。[2]

※原文ママ、正しくは春田和秀

紙面は広告部分を別にすると一〇段で構成されているが、この記事が掲載されているのは一番下の一〇段目で、決して目立つ記事ではない。同じ紙面のすぐ上には「前売券の売れ行き好調」という見出しで、翌日松江で開催される沢田研二コンサートの記事が三段にわたって掲載されている。新聞社がコンサートの共催に名を連ねていた関係もあったのだろうが、『砂の器』よりも沢田研二の方が扱いは大きかったのである。

それはさておき、右の記事では『砂の器』のストーリーや、出演俳優、撮影場所などロケの概要がざっと述べられている。出雲八代駅や八川駅を亀嵩駅に見立てたり、亀嵩駐在所のセットを下久野に設けたりすることも公にされていた。木次線沿線の地域は概して人間関係が濃密で、さまざまな情報が口伝てにすぐに広まる土地柄ではあるが、そうはいってもこの前日の新聞記事を読んでロケの実施を初めて知り、見物に行ったという人も少なくなかったに違いない。

初報はベタ記事扱い

ロケの開始をいち早く取り上げたのは、八月二三日（金）の読売新聞島根版である。記事はやはり紙面の一番下の一〇段目に、見出し二行、本文一五行のごく小さいスペースで掲載されている。いわゆる「ベタ記事」で、写真もない。

駅前でロケ
「砂の器」映画化

松本清張の推理小説で読売新聞に連載された「砂の器」が松竹映画と橋本プロダクションで映画化されることになり、二十二日から大原、仁多両郡内でロケが始まった。

ロケ隊は四十三人。この日は今西部長刑事が捜査のため、仁多町を訪れる場面で列車内と木次線の出雲八代駅、出雲三成駅、八川駅、三成署で撮影したが、亀嵩駐在所は新築され戦前の場面に使えないため、大原郡大東町下久野にオープンセットを作って再現した。[3]

記事はロケ隊の規模や当日の撮影場所など最低限の情報のみを簡潔に伝えている。それにしても具体的な地名が入っていない「駅前でロケ」だけの見出しには、確かに間違いではないものの、苦笑してしまう。

ロケ自体がどのように行われたのか、現場の様子なども書かれていないので、窺い知ることはできない。それでも多少マニアックな話にはなるが、この短い記事からもいくつかのことが確認できる。ロケの初日、八月二二日（木）には、今西刑事役の丹波哲郎が出演する少なくとも五つの場面が、それぞれ場所を変えて撮影されたこと。その中には、本編では使われていない「列車内」の場面（橋本忍らの「シナリオ」ではシーン五九に相当する）もあったことなどである。

映像を改めて視聴すると、初日に撮影されたのは、いずれも今西刑事がその場所を訪ね歩くだけで、台詞もない短いシーンばかりである。しかし、はるばる奥出雲の地を訪ね、靴底をすり減らして地道に捜査する今西の粘り強いキャラクターを描くには、こうした短い場面の積み重ねこそが重要になってくる。

おそらく今西役の丹波のスケジュールの都合もあったのだろうが、今よりも道路事情などがよくなかった当時、いくつも場所を移動しながら、たった一日、しかも日のある内にこれだけのシーンを効率的に撮影するのは、なかなか大変なことだったと思われる。機材の設営、撤収の手間暇も考慮すると、スタッフにとっては初日から時計とにらめっこの痺れるロケになったのではないだろうか。

「大騒ぎ」の役場と現場の人だかり

初日のロケに関しては、山陰中央新報も読売新聞に一日遅れて八月二四日（土）に三段組の囲み記事を掲載した。出雲三成駅前で撮影したロケ風景の写真付きである。
丹波刑事が名推理
映画「砂の器」三成でロケーション

仁多、大原両郡一帯で二十二日から松本清張原作の長編推理小説「砂の器（うつわ）」の映画ロケーションが松竹と橋本プロダクションの手で始まった。

この小説は警視庁のベテラン刑事が「犯人はズーズー弁を使っていた」との聞き込みを唯一の手掛かりにして迷宮入りとみられていた殺人事件を解決するストーリー。仁多、大原両郡でのロケーションは刑事（丹波哲郎）が被害者で元三成署亀嵩駐在所員（緒形拳）の在職中の状況を調べるため三成署や亀嵩駐在所などを訪問する場面と、幼年期の犯人（春田和秀）がライ病に侵された父親（加藤嘉）と放浪中、亀嵩駐在所員に助けられる回想シーン。

この日は刑事役の丹波哲郎が木次線三成駅に降りるところと、三成署訪問、亀嵩駐在所（大原郡大東町下久野へセット）へ向かうところの三場面が撮られた。日ごろこれといって変化のない土地柄だけに、通行人などのエキストラを出す木次町や仁多町役場は大騒ぎ。各撮影会場には四、五十人の見物人が出て、刑事役の丹波哲郎にサインを求める姿が見られた。このロケーションは二十九日まで。[4]

こちらの記事の方が、読売新聞よりも情報量は多い。前半はストーリーの紹介とロケで撮影される内容の大まかな説明。後半で初日に撮影された場面に言及しているが、読売新聞の記事とは若干の齟齬がある。今西刑事が「亀嵩駐在所へ向かうところ」というシーンは完成した作品にも「シナリオ」にも存在しないので、これは記者の勘違いだろう。（今西がジープに乗って「亀嵩へ向かう」シーンなら、どこかで撮影した可能性はあるかもしれない。）

重要なのは、最後の段落である。ここから、ロケを受け入れた地元の対応や雰囲気が読み取れる。中でも、エキストラを動員するなどの協力を行ったのが、木次町（現・雲南市）と仁多町（現・奥出雲町）の役場だったことは興味深い。というのも、仁多町ではいくつかの場所で実際にロケが行われたが、木次町では下久野に近い寺領地区の鉄橋でジープと列車が交錯するワンカットが撮影されたものの、俳優が出演する本格的なロケは行われていないからだ。なぜロケ地がない木次町が協力することになったのか、非常に気になるところである。

そして両町の役場が「大騒ぎ」で対応したことに加え、ロケの現場には大勢の見物人が押しかけ、俳優のサインを求めてざわめき立っていたことも記されている。それはまさに本書の「はじめに」で書いたように、小学三年生だった私が記憶している八川駅の光景そのものである。

東京の担当記者が見た奥出雲ロケ

四件目は、九月六日（金）に毎日新聞夕刊（東京版）の文化芸能面に掲載された五段組の写真入り囲み記事である。

人間ドラマに執念燃やす野村監督
「砂の器」奥出雲ロケ終わる

松竹・橋本プロ提携の第一作映画「砂の器」が、物語の中心となる島根県奥出雲地方のロケを終えた。ことし二月、青森県竜飛岬から始まり、東北、北陸、信州、山陰と、映画全体の八割がロケ撮影という大がかりな作品。このあとも伊勢、東京と続くが、メーンの山陰ロケを終えて野村芳太郎監督以下、スタッフ、出演者もほっとひと息ついている。

主演の刑事役、丹波哲郎が「本の通りに実際に動くのだからまいっちゃうよ、まったく。こんな山の中ですからね……」とこぼすほど野村演出はねばっこい。（中略）

亀嵩はソロバンの産地。そのソロバン会社の古風な社長宅を、土地の古老宅に見たてて撮影、そのあと撮影部隊はすぐに斐伊川沿いの山村へ、それがすむと木次線の列車撮影のため時刻表に合わせて駅舎へ飛ぶという目まぐるしい動きが続く。

三十数人のスタッフが、山村を走り回るとあって、地元の人は「十年前にも何とかの映画ロケが来て、ずっとあとにここで初めて殺人事件があって、それ以来の大さわぎだ」と、ロケ隊についてゾロゾロ。（後略）[5]

右の引用では省略したが、この記事は監督の野村や脚本の橋本忍にインタビューを行い、作品にかける意気込みを聞くなど、主に映画製作や演出に焦点をあてて書かれている。おそらく地元勤務の記者ではなく、東京本社でふだんから文化芸能を担当している記者がロケ隊に同行取材を行い、「ほっとひと息」という帰京後の表情も織り込んで、まとめたものではないかと推測される。

丹波が「本の通りに実際に動く」と言っているのは、ストーリーに沿ってシナリオに書かれた順番通りにシーンを撮影していく「順撮り」と呼ばれるスタイルのことだろう。映画やテレビの撮影にはさまざまな制約があり、後の場面を先に撮影したり、同じ場所で複数のシーンをまとめ撮りしたりと、どうしても後先しながら撮影せざるを得ないものだが、野村は物語の流れを重視して、出来るだけ「順撮り」に近い形でロケを進めようとしていたことが窺える。

記事の後半では、限られた時間の中で山村を走り回るロケ隊の「目まぐるしい動き」と、その後を追いかける見物人たちの狂騒ぶりに言及している。ちなみに地元の人が「十年前にも何とかの映画ロケ」が来たと話しているのは、一九五八（昭和三三）年に公開された浅丘ルリ子、小林旭主演の日活映画『絶唱』のことである。この時のロケは、本書の第二章にも登場した奥出雲の旧家・絲原家などで行われた。

（2）役場とエキストラ

出雲三成駅の通行人

当時の新聞が伝えているように奥出雲でのロケが始まった八月二二日には、丹波哲郎扮する今西刑事がいくつかの場所を訪ねるシーンの撮影が行われた。

まずはその一つ、今西が出雲三成駅に降り立つ場面に注目したい。第一章で示したカット表（**【図表1-①】**）で言えば、四二分五六秒からの「改札を出る今西」と次の「出雲三成

駅正面　今西出てくる」の二つのカットである。

駅のホーム側から現れた今西は駅員に切符を渡して改札を出ると、駅前に停まったバスの運転手と何か言葉を交わす（警察署への道順を尋ねている様子）のだが、その間に数名の男女が今西の前後を通り過ぎていく。この通行人役のエキストラとしてロケに協力した人が奥出雲町にいた。

訪ねたのは、同町佐白にある奥出雲多根自然博物館。「宇宙の進化と生命の歴史」をテーマに恐竜や古代生物の化石、貴重な鉱物などを数多く展示し、宿泊もできるユニークな博物館として知られている。館長の宇田川和義さん（一九四八年生まれ）は、第三章で橋本忍らの亀嵩取材旅行に関する資料の所有者として紹介したが、実は出雲三成駅のエキストラの一人としてスクリーンに登場している。駅前のカットで、今西の後ろを通り過ぎてバスに乗り込む白の半袖シャツとグレーのスラックスの男性が、当時仁多町役場の職員だった若き日の宇田川さんである。

私は出雲三成駅で、役場の何人かが出演しろということで。私らもまだ若い時でしたから、役場から組織的に「アンタとあなたと、どうか」という話で指名があって、私らは言われる通りに出るわけですけども。役場の総務課としては、松竹さんから聞いた（通り）キャスティングしてエキストラ選んだと思うんですけど。女性とか男性とか若者とか。そこの中で選ばれて「わかりました」って。それまでロケのことは、いろんなことを知ってたわけじゃなかったんですけど。[6]

宇田川さんは一九六七（昭和四二）年に仁多町役場に入り、ロケが行われた時は町民課で国民年金や交通安全などを担当していた。総務課からエキストラ出演の話があったのは撮影の一週間ほど前だったという。今ならロケの相談が行政に持ち込まれると、フィルムコミッションが対応したり、「観光振興課」や「まちづくり課」などが窓口になったりするところだが、当時はそのような部署はなかった。日々の行政事務に当てはまらない臨時の事案や渉外的な仕事は、総務課が一手に引き受け、調整にあたったものだという。

宇田川さんの記憶によれば、ロケには役場から男女二名ずつ計四名が参加した。当日はロケの時間（おそらく午前中だった）に合わせて、三成にあった役場から駅まで直接歩いて行った。駅前には既に見物の人が大勢集まっていた。

どういう撮影をするのかは、その場でスタッフからエキストラに説明があった。本番の撮影は実際の列車の到着に合わせて行うことになっていて、その前に三、四回リハーサルをしたという。最初はスタッフが丹波哲郎の代わりを務め、やがて丹波が現場に到着すると、改めて本人を交えてのリハーサルがあった。

滅多に、何時間に一本しかない汽車ですから、それをつかまえてロケするわけですね。「汽車が入ってきたら、汽車から降りたようにして改札口から出て下さい」と練習するんですね、もちろん定刻の列車が来る前に。改札口の内側のホームで後ろで隠れておって、「はい」と言った時に一人が出て、次、丹波哲郎さんが出て、私が出て、女性が出るという感じで。[7]

リハーサルの合間には、主演の丹波をエキストラたちが囲み、しばし雑談に興じた。丹波はにこにこしながら冗談を言い、サインを求められると気さくに応じていたという。だが、ひとたび撮影が始まると、宇田川さんは驚いた。

「はい、カメラ動きます」と言うとね。もう全然、瞬間に今西刑事になられるんですよね、表情が。その瞬間に役者さんというか、その役に、今西刑事に。表情が全然違うんですよ、迫力が。瞬間に今西刑事になられるから、近寄りがたいね。その鮮やかな表情、今西刑事にすぐ変わるっていうのが、ものすごい印象的でしたね。[8]

映像を見ると改札口の向こう側に「キハ53　7」のプレートをつけた車両が停まっている。この列車が駅に到着するのを待って、ホームに停車している一分か二分ほどの間に本番の撮影が行われたのである。宇田川さんによると、スタッフが時計を見ながら、列車が来るまであと一分、あと三〇秒と、あたかもテレビの生放送のように秒読みを行い、現場は張り詰めた空気になったという。やり直しがきかない撮影だったが、幸い本番は一回でOKが出た。

完成した映画では二つのカットを合わせても一四秒ほどで、エキストラが映っているのもほんの数秒に過ぎない。それでも面白いことに、エキストラは単なる「通行人」ではなく、スタッフから一人一人に「こういう人物になったつもりで」と指示があったという。宇田川さんが言われたのは「商談があってこの町にやってきたビジネスマン」だった。ビジネスマンは地元の人間ではないので、駅を出たらバスに乗って目的地に向かう、というのである。

空色のロングスカート

では、他のエキストラはどういう設定を与えられていたのか。映像を見ると、今西刑事のすぐ後に続いて改札を通過し、駅舎を出て画面の上手に向かって歩いていく二人組の女性がいる。その一人、空色のロングスカート姿の女性に話を聞くことができた。

松江から戻った者が列車から降りて、三成の駅を出て下さい、っていう感じでしたね。松江から戻ったような顔をせえ、って言われたから可笑しかったですよ。[9]

「松江から戻った」とは、三成の女性が松江へ日帰りで買い物か遊びに行って汽車で戻って来たというイメージだろう。

女性は、三成在住の藤原宣子さん（一九三八年生まれ）。藤原さんは当時、仁多町役場総務課の職員で「情報」の仕事をしていた。「情報」とは役場内での呼び方で、いわゆる有線放送のことである。

昭和四〇年代、地方では電電公社（現・NTT）の電話がある家がまだ少なく、各地の農協や漁協、市町村などが主体となって、その地域の中だけで通話できる「有線放送電話」

を家々に設置していた。当時の有線の電話機はスピーカー付きで、地域のお知らせなどの放送を流すこともできた。（現在も奥出雲町では、多機能端末を使って有線放送が継続されている。）

　藤原さんは町内に朝、昼、晩の一日三回流れる有線放送にアナウンサーとして出演。さらに自ら原稿を書いたり、インタビューをしたり、番組を制作したりしていた。もともと藤原さんは亀嵩の農協で有線放送に携わっていたが、一九六三（昭和三八）年に有線事業が町に統合されたのを機に役場職員になり、以降も東京のＮＨＫに自費で研修に行くなど熱心に打ち込んだ。「農村の花嫁」というタイトルで録音構成の番組を作り、全国コンクールで優勝したこともあった。

　その藤原さんが同僚の佐野信子さん（一九四六年生まれ）と二人でエキストラを買って出たのは、総務課の職員として「手伝わないけん」と考えたからだという。また文学好きで『松本清張全集』を買い揃えるほどの清張ファンでもあった。

　撮影にあたって服装の指示はなかったが、佐野さんがその頃流行っていたミニスカートを穿くと聞き、藤原さんは二人とも同じでは面白くないと考えた。

　この人（佐野さん）は短いスカートにして、私は長いスカート。今から秋になると長いスカートになる、流行が。それで私が長いスカートを穿いた。[10]

ファッションビジネス学会による「ファッション産業年表」によれば、確かに一九七四年はロングスカートが流行した年だった。[11]女性誌でもグラビアでスカートの特集記事[12]が組まれるなどしており、あるいは藤原さんもそうした雑誌で情報を得ていたのかもしれない。ノースリーブのシャツにロングスカートを颯爽と着こなし、ロケに臨んだ藤原さんだが、駅前を歩く撮影では非常に苦労したという。

野村監督、あの監督に叱られてね。すぐ下を向くんですよ、恥ずかしいから。みんなが見てるじゃないですか。もう、こうして歩いちょうだも、すぐこう下向いて。恥ずかしくてね。もう一人の女の人、佐野さんと、叱られてね。まあ、あの時は結婚してまだ間もなくだったですけんね。恥ずかしくて。(中略)このシーンは何べんもやらされてね。駅から出るのを。[13]

日頃から有線放送のマイクに向かって話すのには慣れていたが、ロケを見物に訪れた大勢の人たちを前にしての撮影は、さすがに勝手が違ったようだ。インタビューでも「恥ずかしい」という言葉を何度も繰り返した藤原さん。当時の思いがよみがえったようだった。

木次町のエキストラ担当

出雲三成駅のロケでは、宇田川さんや藤原さんなど仁多町役場の職員がエキストラとして協力したが、前出の山陰中央新報の記事では木次町役場もエキストラを出したことが書かれていた。

当時、木次町役場に勤務し、エキストラ動員の窓口を務めた人がいた。「亀嵩」パートの「今西刑事編」に、亀嵩に赴いた今西が桐原老人宅を訪ねるシーンがある。この場面で今西を案内する駐在所の警察官として登場しているのが、その人、細木勝さん（一九五〇年生まれ）である。ロケが行われる一か月ほど前、税務課の若手職員だった細木さんは助役に突然呼ばれた。

助役さんが藤井曉《あきら》。日登中学校の校長先生で、非常に演劇をこよなく愛された方で、その先生と中学時代から親しくしてましして。それが助役さんになられたから。「なんと木次を拠点にして奥出雲の仁多の方でこの『砂の器』の撮影会がある」と。で、「毎日たくさんのエキストラの動員が必要だ」と。それで「誰か世話焼きをさないけん」という話になりまして、お世話焼きを。で、僕も（昭和）四七年に木次町役場に入ったばかりですけど、指名で「お前やれ」と。[14]

中学時代の恩師でもある助役からの指名とあっては断れない。ロケ隊が木次に入ると、細木さんは毎朝役場に出勤する前に、監督や俳優陣が宿泊していた木次町内の旅館、天野館に通うのが日課になった。

天野館で、朝起きると六時半に、当時木次町は、今もやってますけど、ラジオ体操をやるんですよ。バーッと山の上から流すんですよ、木次公園から。みなさんそれにつられて起きて。で、丹波哲郎さんが降りてきて「しんせい」をふかすんですよね、煙草の「しんせい」。それがまたかっこいいんだ。一番ボロの煙草で当時。あれをこうやってくわえて降りてきて、「やあ、おはよう」言って。[15]

朝の天野館では、助監督と打ち合わせをした。大嶺俊順といい、野村芳太郎のもとで多くの作品の助監督を務めていた人物である。細木さんは大嶺から「明日は五人」「明日は一〇人」などと、翌日の撮影に必要なエキストラの人数を伝えられた。多い時には数十人規模の動員要請があったという。

細木さんはそれから役場に出勤し、税務課の仕事は脇に置いて、必要な人数を集めるのに汗をかいた。まず声をかけたのは、役場の同僚や上司だった。


一番多かったのが宍道の駅。丹波哲郎が着くんですよ、東京から刑事が。宍道の駅へたくさんエキストラ並べました。そこがスタートです、エキストラの。一番最初。へえーっと思った。その時は僕はこっちにおりましたから、実際宍道の駅は行ってないですけど。まあ、職場の人たくさん頼んで。役場の先輩の職員の皆さんに。[16]

宍道駅（当時・宍道町、現・松江市）のシーンが出て来るのは、作品の四二分一五秒から三三秒。ホームのベンチに今西が座っていると、そこに木次線の備後落合行き列車が入ってくる。ホームには他にもベンチで待つ乗客たちがいて、列車が来ると三々五々立ち上がる。彼らこそが、細木さんが依頼した木次町役場の人たちだったのである。映像に登場しているのは七、八人だが、実際にはもっと多くの人数がロケに参加したという。

前出の四つの新聞記事では、この宍道駅でのロケについては全く言及されていなかった。

この場面がエキストラを動員した「一番最初」の撮影だったという細木さんの話はとても興味深い。監督の野村が「順撮り」を意識していたこと、またロケ隊の効率的な移動を考えると、宍道駅での撮影は仁多郡、大原郡内でのロケが始まった八月二二日よりも前に行われたのではないか。今西役の丹波は、鳥取駅や山陰線の列車内の場面にも登場している。例えば前日の二一日に、ロケ隊が鳥取駅を手始めに山陰線を撮影しながら移動し、宍道駅でエキストラとともに待ち受けていた別動隊と合流したという推測も成り立つ。

宍道駅だけでなく、役場の職員たちは皆、細木さんの頼みを快く引き受け、木次線沿線各地のロケ現場へと赴いた。木次町内での本格的なロケはなかったが、それでも町をあげて頑張ろうという雰囲気だったという。

役場の一番上は課長さんまでお願いしました。建設部建設課というところがあって、なぜそこの課長に頼んだかと言ったら、そこにジープがあったんですよ。そのジープが映画のスタッフの目に留まって、「あのジープいいんじゃないの」と。そのジープを運転して、丹波哲郎を乗せていくんですよ、そのシーンが撮りたくて。で、僕がジープの運転したかったけど、課長さんが出かけてこられて、自分で運転された。あれは課長さん。鉄橋の下、あれも何回か撮りましたよ。（中略）ジープの後ろに庭帚を何本かつけて、わざとに埃が上がるように。それで後ろからカメラが追う。前からも追う。[17]

今西刑事を乗せて山あいの細道や集落を走るジープの映像は何カットも重ねられ、「亀嵩」という土地のイメージを描く上で大きな効果をもたらしている。第一章で述べた通り、その多くが大東町（現・雲南市）の下久野周辺で撮影されているが、ジープを実際に運転していたのが木次町役場の課長だったとは、思いもよらなかった。課長の名は、木色健造さんといった。

ロケを支えた青年団演劇部

細木勝さんがエキストラを集めるにあたって、役場職員の他にも頼りにした人たちがいた。木次町青年団の演劇部である。一九七〇年代は、全国各地で青年団活動が活発な時代だった。木次町青年団にも多くの若者が参加し、陸上、バレーボールなどのスポーツ競技や文化系のサークル活動がさかんに行われていた。

その中でも、最も人数が多かったのが演劇部である。細木さんの記憶では、部員は三〇人から四〇人はいたという。町内のさまざまな職業の人たちが参加し、大道具、小道具係は大工が、照明や音響係は電気店員が、化粧係は美容師が担当するなど、舞台の裏方でも本業を生かして活躍した。第二章で述べた通り、この頃は木次町でも企業誘致、工場立地が進み、地元で就職する若者が増えていた。こうした会社勤めの人も青年団演劇部に加わった。活動を通して知り合い、結婚するカップルが何組もいた。

細木さん自身も演劇部のメンバーで、週に何回かは役場の仕事が終わった後に稽古場へ向かい、『夕鶴』（作・木下順二）や『くみひも』（作・寺島アキ子）などの芝居の練習に打ち込んだ。当時は青年団同士が競う演劇の大会もあったが、木次町青年団は島根県内でも屈指の強豪として知られていた。細木さんは、東京での全国大会に四回も出場した。

青年団演劇部の礎を築き、木次町を「演劇の町」にした仕掛け人が、他ならぬ助役の藤井暁氏だった。細木さんをエキストラ動員担当に指名した人物である。戦後の一九四八（昭和二三）年、木次中学校の教員だった藤井氏は青年団の団長となり、特に演劇を青年団活動の中心に据えて力を注いだ。青年団の活動資金を得るため、町内にあった来次座という劇場で発表会を開催すると、娯楽に飢えていた町民で満員の盛況となった。青年団演劇部の伝統はその後も引き継がれ、プロの俳優も輩出した。[18]

町民から「団長先生」のあだ名で親しまれた藤井氏は、日登中学校や木次中学校の校長を歴任し、退職後の一九七一（昭和四六）年に助役に就任した。[19]細木さんがメンバーだった頃も、演劇部では時々稽古場に藤井氏を呼んで「ああしたがいい、こうしたがいい」とアドバイスをもらっていたという。

『砂の器』と青年団との関わりで、細木さんには忘れられない思い出がある。折しもロケの期間中に、隣の大東町で島根県内の青年団が集まるスポーツの大きな大会が開かれることになっていた。エキストラの動員を通して撮影スタッフと仲良くなっていた細木さんは、あることを助監督の大嶺に依頼した。

二、三日前にね、助監督と、呼ばれてスナックで酒飲んで。天野館から彼らも出て、木次のスナックでお酒を飲んどったですわ。「なんと前夜祭があるんだけど、青年団の。おそらく四、五百来ると思うけど、野村監督についでだけん、挨拶してもらえんか」と言って。大東の文化センターまで連れてきていただいて、七時か七時半ぐらいだったですね、夜。たくさん青年団の人が来ておられて、そこで挨拶してもらいました。ロケの間、たまたま天野館で泊っていらっしゃったから。その時、丹波哲郎さんにも来てもらったかもしれんね、野村芳太郎さんと。[20]

当時の新聞で確認したところ、これは島根県青年大会の体育部門の大会で、八月二五日と二六日に、大原郡の大東、木次、加茂の三町で開催されたものである。県下の六市一二郡から約二千人の選手が参加し、バレーボール、バスケットボール、卓球、柔道、剣道、相撲で互いの力と技を競った。（陸上、野球、ソフトボールは台風の影響による雨のため行われなかった。）[21]

細木さんが言う「前夜祭」は、大会前日の二四日（土）の夜に行われたと考えられる。作品の成否がかかる重要なロケの真っ最中だったにもかかわらず、時間を割いて青年たちとの交流に出かけて行った野村たち。映画の宣伝という意図もあったかもしれないが、それよりはエキストラなどで協力してもらっている地元への感謝の気持ちの方が強かっただろう。誠実な人柄を感じさせるエピソードである。

突然言われた警官役

細木勝さんの話を続ける。ロケの期間中、毎朝天野館に通って動員の打ち合わせをし、日中は役場で翌日のエキストラを電話でかき集めていた細木さんだが、ある日スタッフに「明日は亀嵩へ行ってほしい」と言われる。詳細は知らされないまま、細木さんは上司に言って休みをとり、翌朝、ロケ隊とともに亀嵩へ行った。

俺、知らんだけん、何にも。「お前、ちょっと来いよ」って言われて。ある民家へ入ったら「すぐ着替えれ」と。はあ、何のことか全然わからん。ほいで警察官の格好に着替えさせられて、そこでいきなり着替えらせて。「お前、なんと、今から駐在役だけん」言いて。はあ?……朝、行ってからのお話、亀嵩行って。桐原老人宅を訪ねて行くシーンなんですよ。僕が歩いて、その後丹波哲郎がついてくる。「あちらですけん、っていう一言を言えばいいけん」って。はあ、何のことだいわからん。[22]

突然の指名に細木さんは驚いた。エキストラを集める担当ではあったが、まさか自分が出演させられるとは思ってもみなかった。当時、二〇代前半。撮影スタッフが一緒にスナックで酒を酌み交わすほど仲良くなった地元の青年に、ちょっとした悪戯を仕掛けたということか。あるいは、事前に話をすると断られるかもしれないので、あえて直前まで黙っていたのか。

第一章でも述べたが、桐原老人宅に見立てて撮影が行われたのは、当時の亀嵩算盤合名会社の相談役、若槻卯吉氏の家だった。卯吉氏は、小説『砂の器』の方言校正を行った算盤会社の三兄弟の一人である。
改めてそのシーンの映像を確認してみる。細木さんが登場しているのは「今西刑事編」の四七分四七秒から四八分一二秒まで。「桐原家」への坂道を上っていく駐在所の警官と今西の後ろ姿のカットと、二人が鍬を担いだ農家の男性とすれ違い「桐原家」の敷地へ入っていくカットである。（**【図表1-①】**参照）
二番目のカットでは、細木さんの警官はすれ違う農家に軽く敬礼しながら「やあ、おはよう」と挨拶し、さらに「桐原家」では「こちらです」と言いながら、母屋を指し示している。台詞もあり、それなりの演技も求められることから、本来ならプロの俳優が演じてもおかしくない役のように思える。初めてのエキストラにはかなり荷が重いだろう。
しかし細木さんによると、撮影はリハーサル一回、本番一回で、すんなりOKが出たという。（**巻頭写真③**）おそらくロケの期間中、動員の打ち合わせや夜のスナックで顔を突き合わせていた助監督の大嶺あたりが、密かに細木さんの品定めをしていたのだろう。そして「彼なら青年団で芝居の経験もあるから大丈夫」と、この役に抜擢したのではないか。ちなみに、スタッフの一人、美術の森田郷平は二〇〇三（平成一五）年に北九州の「清張の会」の会誌に寄稿した文章の中で細木さんの名前を挙げ〈警官役がぴったりだった〉と回想している。[23]

スタッフの期待に見事に応えた細木さんの若き日の姿は、映像の中で生き続けている。

（3）意外なつながり

湯野神社の子どもたち

映画後半の「本浦父子編」では、地元の小学生たちがエキストラで登場している。カット表（【図表1－②】）で言えば、一時間五一分三三秒「神社の石段のぼる三木巡査後ろ姿」からの神社でのシーンである。放浪の末に亀嵩にたどり着いた本浦千代吉、秀夫の父子と巡査の三木謙一が出会う場面。神社で子どもたちが騒いでいるのを聞きつけた三木が、石段の上に姿を見せた秀夫の後を追いかけ、拝殿の縁の下に父子がいるのを発見する。

映像をもう少し細かく見ていくと、最初のカットでは、長い石段の上から四人の子どもが駆け下り、その後から長い棒を振り上げた秀夫が姿を見せる。同時に下方から現れた三木が「おーい、どこにいるんだ」と叫んで石段を上がり、途中で秀夫を見つけて急いで追いかける。次の境内のカットでは、走る三木の様子を大きな木の陰から見ている二人の子どもの後ろ姿が映っている。

このシーンのロケは亀嵩の湯野神社で行われている。当時、子どものエキストラとして出演した人が奥出雲町にいた。現在、阿井小学校の校長を務める長谷川勝一さん（一九六三年生まれ）である。当時は同じ町内にある三成小学校の五年生だった。

長谷川さんたちエキストラは、いずれも三成小学校の児童で、一年から六年まで各学年一人ずつ、計六人が湯野神社でのロケに参加した。男子は四人、女子は二人だった。クラスの担任から言われて参加することになった長谷川さんは、当日、他の子どもたちと三成で集合し湯野神社へ向かった。

到着すると、まず衣装を渡され、着替えるように指示された。設定が戦前なので、履物は藁草履、女の子にはもんぺが用意されていた。一九七〇年代ともなれば、奥出雲のような田舎でも、さすがに藁草履やもんぺの子どもはいなかった。長谷川さんは「え？　こんな格好？」と戸惑ったが、口には出さなかった。

完成した映画では右のカットしか使われていないが、実際には他にも、子どもたちが石段沿いの巨木に隠れて秀夫を睨んだり、皆で秀夫を追いかけたりするなど、いろいろなシーンを撮影したと長谷川さんは記憶している。場面によっては何度も撮り直しが行われ、ロケが終わるまでにはかなり長い時間がかかったという。

こっちは田舎の、ど田舎の子どもたちですので、もうガチガチで。（中略）とにかく言われることを自分なりになんとか消化して忠実に動かないけんわというような気持ちでいっぱいだった。他の子も。映画撮影を楽しんだというようなことはないと思います。[24]

自分たちの演技について、撮影スタッフから強く指導されるようなことはなかったと長谷川さんは語る。ただ、秀夫役の春田和秀少年に対しては、スタッフや母親と思われる人から「このシーンがうまくできなければ晩御飯もないよ」といったきつい言葉も飛んでいた記憶があるという。学芸会とは違う本物の映画を作る厳しさを目の当たりにし「役者さんはたいへんだなあ」と、長谷川さんは子どもながらに感じた。[25] 三成の小学生たちが現場で春田少年と言葉を交わすことはなかった。

引率の教師が見た厳しさ

湯野神社でのロケが終わった後、エキストラを務めた長谷川さんたち六人の児童が緒形拳と一緒に撮影したモノクロの記念写真がある。子どもたちの後ろには、三木巡査の衣装を着た緒形と、もう一人眼鏡をかけた男性が写っている。この日、教え子たちを亀嵩まで引率した三成小学校の教諭、中林正《せい》さん（一九三六年生まれ）である。実はエキストラの依頼は、小学校でも町役場でもなく、最初は中林さん個人に相談があったという。

三成の小学生と緒形拳（1974年）
写真提供/中林正さん

時期は不明だが、助監督を務めた大嶺俊順が三成にある中林さんの家を二回ほど訪れ、「エキストラの子どもを六人だけ学校からお願いしたい」と依頼してきた。なぜ大嶺が中林家を訪問したのか、その理由は後で述べるが、依頼を受けた中林さんは校長に伺いを立てて承諾を得ると、職員会議で事情を説明し、各学年一人ずつ担任を通じて選んでもらった。行きがかり上、当日は自ら児童の引率役を買って出た。ところがこの日は曇りがちで、晴れるまで撮影ができないというので、集まった子どもたちは中林家で待機することになった。子どもが二階で音を立てて走り回ったり、ピアノを弾いたりして、少々手に余った記憶があるという。やがてスタッフから「今すぐ来てほしい」と電話が入り、一同は湯野神社へ急いだ。

中林さんの記憶では、最初に本浦父子が拝殿の下に隠れているところを三木が見つけるシーン（カット表の一時間五二分四秒から）の撮影があり、その後エキストラの子どもたちの出番となった。石段の場面では何度も撮り直しとなり、七回目でやっとＯＫが出たという。

> 感心したのは、緒形拳さんが正面の石段を上がると、下りる時は別の道から下りてきて、ちょっとそこらへん石の上なんかに座ると、サインなんかもみんなやっとられた、緒形拳さんは。（中略）やあ、なかなか俳優も厳しいもんだな、厳しいあれ（仕事）だなと思ってね。[26]

神社には、ロケを見物に来た人たちが大勢集まっていた。緒形は監督のＯＫが出るまで実に七回も石段を大股で駆け上がる演技を繰り返し、その合間にギャラリーからのサインの求めにもしっかり応じていたのだ。教え子の長谷川さんと同じく、中林さんもまた緒形の役者根性と映画作りの厳しさにふれ、胸を打たれたという。

ズーズー弁がつないだ縁

さて、中林正さんを助監督の大嶺が訪ねたのは、当時東京で出版関係の仕事をしていた弟、中林敬夫《ゆきお》さん（一九三九年生まれ）の紹介によるものだった。正さんより三つ年下の敬夫さんは、地元の横田高校を出て進学のため上京し、その後東京で就職した。勤務先は神楽坂にある一般社団法人、家の光協会。ＪＡ（農協）グループの出版・文化事業を営む団体で、主に農家を対象とした月刊誌『家の光』の発行元として知られている。敬夫さんは仕事柄、マスコミや映画関係者とも付き合いがあった。

ある酒の席で、松竹の関係者から「ズーズー弁に詳しい人はいないか」という話が出た。家の光協会には島根県出身者が何人かいたが、三成出身の敬夫さんが良いだろうということになり、後日、野村芳太郎監督のグループ、いわゆる「野村組」のスタッフが職場を訪ねて来た。敬夫さんは『砂の器』の台本を渡され、その中の指定された台詞を出雲弁でしゃべってほしいと頼まれた。それが桐原老人役の笠智衆の台詞だった。

敬夫さんは、たまたま島根から上京していた叔母の井上セイ子さんにも相談しながら、「算盤屋のおやじさん」が話すズーズー弁という想定で、ソニーのテープレコーダーで台詞を録音し、そのテープを「野村組」のスタッフに渡したという。映画で笠が披露している見事な出雲弁は、敬夫さんが録音したテープを繰り返し聴いて習得したものだったのである。

第一章でふれたように、野村が書いた「演出ノート」には、笠に早めに出雲弁の練習を頼むように、との記述がある。このノートは『砂の器』の製作が既に進行中だった一九七四年六月一七日頃にスタッフらに配布されていることから、敬夫さんが出雲弁で台詞を録音したのは、それ以降の六月後半から七月頃のことだったと推測される。

その後、亀嵩でロケが行われるというので、敬夫さんは「野村組」のスタッフに頼まれ、亀嵩小学校にも勤務したことがある兄の正さんを紹介した。助監督の大嶺が中林正さんを訪ねて六人の子どものエキストラを依頼し、湯野神社でのロケが行われるまでには、このような意外なつながりがあったのである。

木次線沿線でのロケが終わった後、東京の中林敬夫さんには、スタッフからもう一つ依頼があった。「これを追加で出雲弁に直して録音してほしい」と差し出されたのは、野村が自ら手書きしたという横書きのメモだった。一行目には「三木の声」と書かれ、二行目以降は次のように続いている。

　なぜだ、どうしてなんだ　逢えば今
やりかけの仕事が駄目になり　出来
なくなるなんて　そんな　そんな事
は　俺れには分らん[27]

　本書が対象としている「亀嵩」パートからは外れるが、映画の終盤、二時間一一分五六秒頃から、コンサートで「宿命」を演

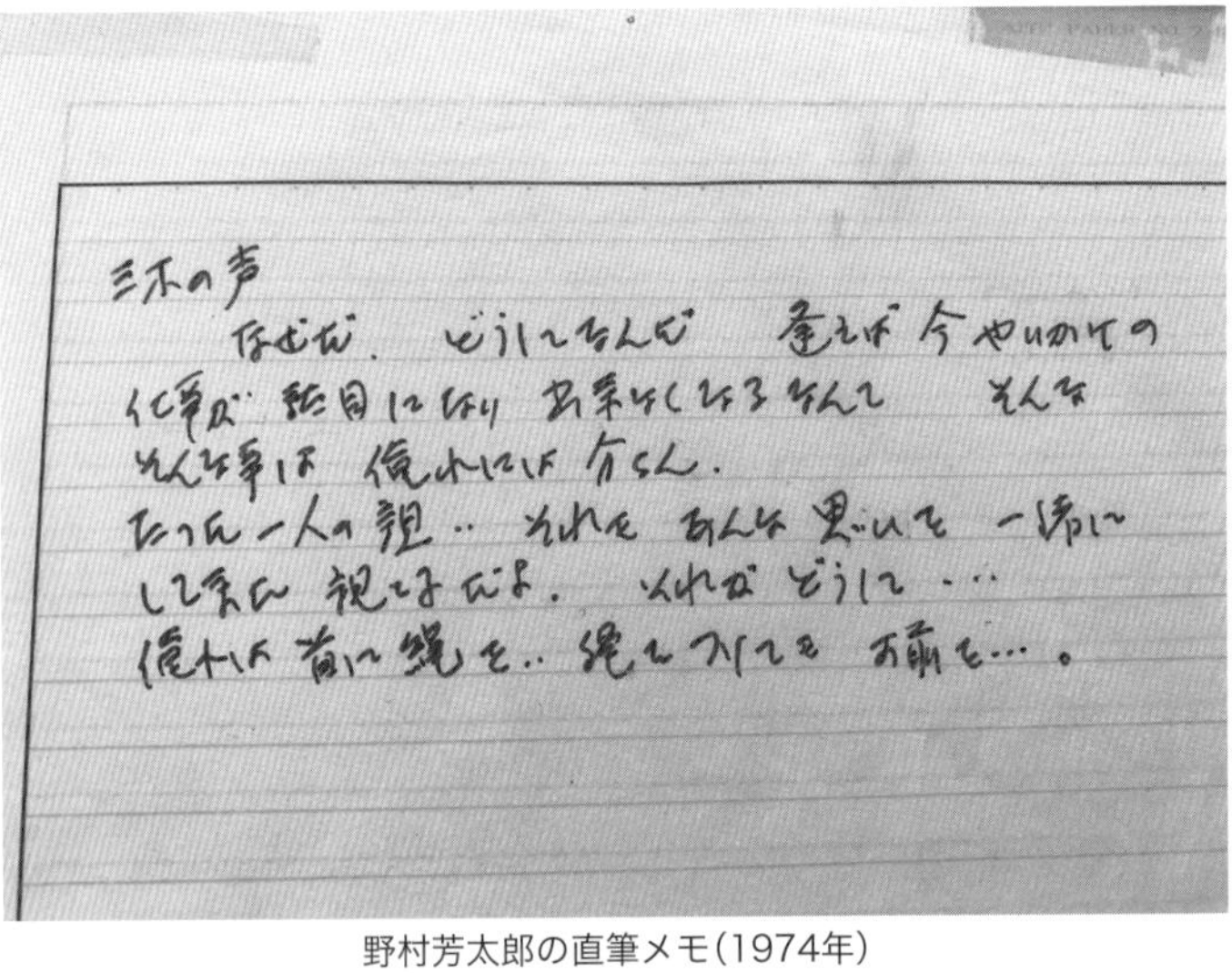

野村芳太郎の直筆メモ（1974年）

奏している和賀英良の映像に、白髪になった三木のアップの顔が重なり、ズーズー弁で語りかける台詞はこれをもとにしている。

直前のシーンで、父親の本浦千代吉が生きていたことが明らかになる。三木は和賀の過去を軽々しく話すような人物ではないが、東京で再会した和賀に父親に会うように強く求めた。そのことが和賀に殺人を決意させたのである。

橋本忍・山田洋次による「シナリオ」の完成稿では「シーン二〇五」に、野村のメモとほぼ同様の台詞が書かれている。一方、敬夫さんが最初に依頼を受けた時に渡された台本を今も正さんが保管しているのだが、その版の「シーン二〇五」には、演奏中の和賀の額から汗が流れ落ち、涙が頬を伝っているという描写があるのみで、三木は登場せず、台詞も全くなかったことが確認できた。

ミステリー作品にとって、殺人の動機が明らかにされる最も重要なシーンと台詞は、橋本や野村が最後の最後まで粘り強く熟考し、編み出されたものだった。そして三木役の緒形が語りかける映像の撮影にあたって、再び敬夫さんの出雲弁の録音テープが必要とされたのである。

正さんと敬夫さん、中林さん兄弟は奥出雲と東京に離れて暮らしながら、二人がそれぞれ違う形で『砂の器』を支えていた。

（4）ヤマ場となった下久野ロケ

駐在所は農家の車庫だった

映画『砂の器』で後半のクライマックスをなす「亀嵩」パートの「本浦父子編」。その多くのシーンのロケが行われたのが、大原郡大東町（現・雲南市）の下久野地区だった。中でも何度も登場する「亀嵩駐在所」については、当時の新聞記事が伝えている通り、下久野に特別にセットを建てて撮影が行われた。

映像を確認すると、「駐在所」は小さな木の橋の袂にあり、背後には大きな茅葺や瓦屋根の二階建て家屋が何棟か並び建っている。母屋と離れ、蔵などからなる昔ながらの農家の家屋敷のようだ。対照的にこじんまりとした平屋の「駐在所」の建物は、よく見ると非常に不思議な形をしている。黒い瓦屋根の大小二つの建物がつながっていて、その小さい方の側面から別のトタン屋根の建物が突き出しているのだ。なぜそのような形になったのだろうか。

撮影から半世紀近く。現地へ行ってみると、「駐在所」の建物は跡形もなくなっていた。

撮影時にはなかった道路が川に沿って整備されていて、木の橋もコンクリートの橋に架け替えられている。しかし、背後にあった大きな家は、今も当時の面影を残して同じ場所に建っていた。この家の主、藤原明博さん（一九五二年生まれ）に「駐在所」のことを聞いた。

藤原さんによれば、映像に残る黒い瓦屋根の大小の建物も藤原家のもので、大きい方が堆肥小屋だった。藤原家は米作りと炭焼きを生業にしていたが、当時は牛も飼っていて、ここで牛のふんを発酵させて堆肥を作っていた。もう一つの小さい方の建物は車庫として使われていた。その車庫から突き出たトタン屋根の部分が、この時撮影用に「駐在所」として、いわば「増築」されたのだという。

ちなみに、牛を飼っていたのは「駐在所」の背後に並ぶ建物のうち、一番手前の二階建ての家屋だった。なぜ牛小屋が二階建てなのかと言えば、昭和三〇年代、木次線の下久野トンネルの補修工事のため、大阪の森本組などの建設会社から大勢の作業員が下久野に来ていた時期があり、この一帯では民宿を営む家が少なくなかったという。藤原家でも元は平屋だった牛小屋を二階建てに改築し、作業員を泊める部屋を作ったのである。

ロケが行われた一九七四年当時、藤原さん自身は兵庫県豊岡市に働きに出ていた。家でロケに立ち会ったのは、父親の藤原義範さんだった。義範さんはエキストラとして映画にも登場している。三木巡査に引き取られた秀夫が夜中に逃亡し、翌朝三木が慌てて自転車

「駐在所」があった場所(2023年)

橋の袂の小さな建物が「駐在所」(1974年)
写真提供/藤原明博さん

で秀夫を探し回るシーン。二時間四分一三秒からのカットで、麦わら帽子を被った農作業中の男性が、三木に秀夫の行方を聞かれて首を振る。この人が藤原義範さんである。撮影は家のすぐ近くで行われた。三回もＮＧを出されて苦労したと、義範さんは後に家族に話していたという。

義範さんは二〇一四（平成二六）年に亡くなったが、生前『砂の器』のＤＶＤに特典映像として収録されている「シネマ紀行」の取材を受け、家に「駐在所」が作られたことについて、次のように語っている。

八月の二〇日に、旅行に出ちょりました。それで帰ってみたら、車庫の前もこう、屋根から…大工さんが二人来なはって、はい。「もう出来とります」って。[28]

これだけでは少しわかりにくい。長男の明博さんが義範さんから聞いた話を補うと、ロケの一、二か月くらい前に、映画のスタッフから車庫を使わせてもらえないかと義範さんに打診があったそうだ。この年の夏、明博さんは盆休みに兵庫県から帰省したが、その時は何の変化もなかったと記憶している。

その後、盆が明けてから、義範さんは夫婦で隠岐旅行に出かけた。公務員だった弟が隠岐に赴任していて、遊びに来てほしいと招かれたのだ。三日ほど留守にして、八月二〇日に帰宅すると、既に二人の大工の手によって車庫が改造され「駐在所」が完成していた。義範さんは大いに「おべた」（驚いた）とのことだ。

「駐在所」があった証が、今も藤原家に残されている。「三森警察　亀嵩駐在所」と縦書きされた長さ一メートル強の木の看板である。（巻頭写真⑦）「駐在所」の正面、出入口の脇に掲げられていたものだ。建物は取り壊されたが、この看板だけは撮影の記念に家の物置でずっと保管されてきた。時々『砂の器』のロケ地を探して訪ねてくる人がいて、明博さんはこの看板を見せてあげることもあるという。

あの辺から写真撮っておられてずっと下がって来られて、たまたまここにおると、挨拶すると、向こう向いて「『砂の器』のロケ地のことで来られたの」ていうと「はい」って言うけん。ほんなまあ、せっかくだけん、「どこから来られましたか」って聞いたりしたり…「看板があるよ」っていうと「ああ、見せて下さい」って。（中略）せっかく来られたけんね、対応してあげにゃいかんなのかなと思って、やっとるけどね。別に面倒くさいとか思ったこともないし。[29]

地元の観光パンフレットに載ったり、案内の看板が出ていたりする訳でもないのに、今もここまで訪ねて来る人がいるのは、やはり『砂の器』という作品が持つ力であろう。こうした不意の訪問者を、藤原家では義範さん、明博さんの父子二代にわたって快く受け入れ、もてなしてきたのである。

父が遺したアルバム

藤原義範さんが大切にしていた一冊のアルバムがある。表紙には大きく書かれた「砂の器」の文字。ロケが行われた際に撮影された写真をはじめ、俳優やスタッフのサインなども多数収められている。「駐在所」を中心とした下久野でのロケの様子を知る上で、非常に貴重な資料である。

写真は約六〇枚。「駐在所」でのロケ風景を写した一枚には、橋の袂の狭い場所に見物の人たちが大勢詰めかけ、照明機材とスタッフの後ろにぎっしりと立ち並んでいる様子がとらえられている。また千代吉を乗せた荷馬車が「駐在所」の前を通るシーンのロケでは、橋向こうの小高い場所に集まった見物の人たちが遠巻きに見ている姿が写っている。（**巻頭写真⑤**）馬を使うなど仕掛けが大がかりだったこともあり、ふだんはのどかな山里の空気が一変したような物々しい雰囲気が伝わってくる。

ロケの合間に、家の縁側や庭で撮られたスナップ写真もある。白い巡査の衣装を着こんだ緒形拳が、軒先に置かれたパイプ椅子に腰かけ、スタッフと打ち合わせをしている。千代吉役の加藤嘉と秀夫役の春田和秀少年が玄関前で巡礼の衣装に着替えている写真もある。映画の撮影は、シーンごとにカメラや照明のポジションを変えたり、太陽が雲の切れ間から出るのを待つ「晴れ待ち」があったりで、必然的に待ち時間が多くなる。藤原家は、俳優陣が出番を待つ「楽屋」的な役割を果たしていたことが、これらのスナップからわかる。

巡査姿の緒形はパイプ椅子に腰かけたまま、義範さんの母と妻との三人で記念撮影したり、庭にいる数人の子どもたちを、煙草をくわえて見ていたりする。ロケを見に来たと思われる子どもたちに、にこやかに話しかけている眼鏡の男性は野村芳太郎監督だろう。別の写真では、緒形は縁側で笑顔を浮かべ、どこかの家の赤ちゃんを抱っこしている。

三木巡査の妻役の今井和子は、藤原家の女性たちなどに囲まれて、縁側で女性ばかり六人で記念撮影している。また、秀夫役の春田少年はTシャツに半ズボンの私服姿で、土蔵の前や池のそばでカメラにおさまっている。ロケには母親が同行しており、母子で縁側に座っているショットもある。

アルバムには、俳優陣だけではなく、さまざまな人物の写真が収められている。白い半袖シャツにジーパン姿の男性の写真には、「駐在所を作った大工さん」と説明書きが添えられている。庭先の椅子に座ったスタッフの横に、当主の義範さんが腰を下ろして撮影した一枚もある。

ロケ自体の物々しさや緊張感とは対照的に、これらの写真からは和やかな空気が感じられる。俳優、スタッフと地元の人たちとの距離の近さ、親密な雰囲気が印象的だ。スクリーンの向こうとこちら、ふだんは全く接点のない別世界に生きる者たちが、ロケを通して出会い、しばしの交流を楽しんだのではないだろうか。

俳優などのサインは、ふつうのサイン色紙ではなく、ハガキほどの小さいカードに書かれたものが多い。緒形拳、加藤嘉、今井和子の他、撮影スタッフも多数書いているのが興味深い。主だったところでは、監督の野村、「撮影無限」と記したカメラマン（撮影監督）の川又昂。そして脚本の橋本忍は八月二六日の日付を入れたサインを残している。

さらに製作主任の吉岡博史、進行の長島勇治、「曇　残念」と書き添えた製作補の杉崎重美。照明はチーフの小林松太郎ら五人が「照明一同」として一枚のカードに名前を寄せ書きしている。長島、杉崎、小松らのサインには八月二七日の日付が入っている。

美術の森田郷平が描いた「駐在所」のスケッチもある。おそらく藤原家への御礼として、ロケの合間に描いたものだろう。よく見ると、大小二つに分かれていた後ろの建物が一つになっていたりして、実際とは少し違っているが、温かみを感じる筆づかいである。

馬とビールの記憶

　下久野にある藤原家の縁側で、「砂の器」のアルバムを見ながら藤原明博さんに話を聞いていると、橋向こうの道路を手押し車につかまって歩いている高齢の男性の姿があった。隣の家に住む藤原房吉さん（一九二五年生まれ）で、白寿となった今も、毎日家の近くを散歩しているそうだ。房吉さんもロケの時のことを憶えているというので、道端で手押し車に腰を下ろして休憩しているところに声をかけた。

　房吉さんは、荷馬車のシーンの撮影で使うために連れて来た馬を、自分の家でしばらく預か

美術・森田郷平のスケッチ（1974年）

ったという。

牛を飼ってる、牛を。あの頃はどこの家もねえ。そこ（牛小屋）が空いちょって、ちょうど。一頭おった。向かい合わせで二頭入る、牛小屋が。で、一つ空いちょったから、そこへ馬を入れたわけよ。そしたらね、向こうから馬がまぐさを食べるでしょう。こっちから牛がびっくりしてね。[30]

第一章でも少しふれたが、かつては鉄の運搬などのために馬が多く飼われていたこの地域でも、昭和四〇年代にはほとんど姿を消していた。撮影に使われた馬は、やはり他所から連れて来たものだった。しかし、房吉さんのように牛を飼っていた農家はまだ少なくなかったため、馬を待機させる場所として牛小屋を使うことが出来た。地元の人たちによるさまざまな協力によって、ロケは成り立っていたのである。

ロケに関して、房吉さんがもう一つ記憶していることがある。

ちょうど日が陰ってね、撮影途中で、なんか時間があってね。家へね、緒形拳が。ちょうど日の加減でちょっと中断せにゃいけんで、撮影を。家へ来たわけよ。（中略）家の縁側でね、ビールやりました、ビールを。[31]

緒形拳ほどの有名俳優が、ロケの待ち時間にふらっと近所の家まで行って、縁側でビールをご馳走になるなど、何かと管理が厳しく窮屈な現代では、なかなか考えられないことだろう。それだけ緩い時代だったとも言えるが、地元の人たちと気さくにふれあい、懐に入っていく緒形の人間力を感じさせるエピソードである。

知らされていなかった住民も

馬を使った撮影は、藤原家の「駐在所」の前だけでなく、同じ下久野の小僧谷道と呼ばれる場所でも行われている。下久野の北側の峠から久野川周辺の集落へと下っていく坂道で、スクリーンに二度登場している。一度目は三木が保護した千代吉を荷車に乗せて村の隔離病舎へ向かう坂を上っていく場面（カット表の一時間五三分四七秒から）、二度目は千代吉が岡山の療養所へ行くことになり、馬に引かれた荷車に寝かされたまま坂を下りて行く場面（一時間五六分三五秒から）である。

小僧谷道の近くに住む落合傳吉さん（一九三七年生まれ）は、当時三七歳。映画のロケが行われることは、落合さんたち近隣の住民には前もって知らされていなかったという。

わしらも全然知らんだった。知らんだっただも、結局「ロケしちょうらしいよ」っていうようなことから、だんだん分かりだいて（分かりだして）。大東（当時の大東町役場）もねえ、ほんに損しちょうだ。あの頃は今みたいに久野が大東と一緒になっちょうという感覚がない、昔は。久野は奥だけん、ていうような感じで、全然かまってごいちょらんが。今の時代になったら『砂の器』そのものが仁多だっていうことで…[32]

仁多町や木次町の役場がロケに積極的に協力していた一方で、下久野地区を抱える当時の大東町役場が動いた形跡は見つからない。大東町は戦後、近隣町村の合併や編入を経てできた町であり、もしかすると落合さんが言うように町役場の地区への目配りが足らなかったのかもしれない。あるいは、そもそも松竹など映画の製作サイドから、大東町への直接の協力要請や情報提供がなかった可能性もあるだろう。

『砂の器』といえば、やはり亀嵩のイメージが強く、映画公開の九年後に亀嵩に記念碑が作られたりした一方で、実際の映画の中では下久野の映像が多く使われているにもかかわらず、その事実があまり知られていないことを、落合さんは少し残念に思っているようだ。

事前の周知がなかったとはいえ、小僧谷道のロケには近隣の人たちも協力した。落合さんの母、アキノさん（一九一六年生まれ）はエキストラ出演を引き受けた。馬に引かれた千代吉の荷車が坂道を下るカット（カット表の一時間五六分四四秒から）で、道端の農家の庭先にいた白い服の女性が、背負子を背負った別の女性に促されて、慌てて家の陰に隠れる。この白い服の女性がアキノさんである。落合さんによれば、アキノさんはたまたま農作業か何かで外に出ていて、スタッフに急にエキストラを頼まれ、その場で応じたのではないかという。落合さんの家には、坂道で背負子の女性が動きを指導されているような写真や、アキノさんが他のエキストラとともに、巡査役の緒形拳と撮影した写真が残っている。（**巻頭写真⑨**）

落合さん自身も地元の男女五人で緒形を囲み、記念撮影をしている。写真を撮ったのは、朝、仕事に出る前だったと落合さんは記憶している。ロケ隊は早朝から来て、朝靄が出るのを狙って撮影をしていたという。おそらく駐在所から逃げ出した秀夫を三木が自転車で探し回るシーンだろう。

俳優陣は木次に宿泊し、下久野まではタクシーで来ていたというが、この早朝のロケのことで、落合さんがもう一つ憶えていることがある。

タクシーの中で加藤嘉さんが寝ちょうわけだ。わしら珍しいだけん、こうして…（車の中を覗いていた）。運転手さんが「寝さしちょけ（寝かしておきなさい）、今、いけんけん」って。[33]

加藤嘉はこの時、六一歳。本浦千代吉父子の放浪シーンの撮影は、この年二月に青森・竜飛岬で始まり、春は長野・更埴、初夏には茨城・袋田の滝と日本列島の四季を追うように行われた。長距離の移動を伴うロケの繰り返しは、還暦を超えた加藤にとっては体力的に厳しいものだったと想像できる。また、二〇〇二（平成一四）年の朝日新聞島根版の特集記事によると、ロケの期間中、加藤は皮膚が皺だらけに見えるように特別なメイクを施すため、毎朝四時に起床していたという。[34]下久野にタクシーで着いた後、自分の出番が来るまで車内で仮眠をとっていたのは、このような事情もあったからだろう。

和菓子店主のサイン

藤原家のアルバムに収められた多数のサインの中に、俳優でもスタッフでもなく、地元のエキストラが書いたサインが一枚だけあった。

「『砂の器』 亀嵩村役場衛生係　陶山浩志」と横書きされ、行を変えて「1974・8・27日8日9日」と日付が入っている。八月二七日、二八日、二九日の三日間、ロケに参加したということだろう。その下に、別の人の筆跡で「木次町八日市　もめんや主人」と書き加えられていた。

アルバムの写真の中にも、「木次町八日市もめん屋の陶山さん」というキャプションが添えられた一枚があった。荷馬車で千代吉を搬送するシーンのロケ風景を撮った白黒写真で、国民服を着て右腕に「衛生係」の腕章を巻いた人物が立っている。この人が陶山さんらしい。

「役場衛生係」役の陶山浩志さん(左手前、1974年)
写真提供/藤原明博さん

調べてみると「もめんや」は木次で長年営業していた和菓子店の屋号だった。店は既に廃業していたが、陶山浩志さん（一九二九年生まれ）は今も木次在住とわかり、話を聞くことができた。

ちょうどあの、撮影の方たちが、天野館へ泊まっちょられましてね。（中略）青年団時代に芝居したりなんかしとりましたわね。そぎゃん関係で、ちょうどそれで頼まれましてね。「エキストラに頼んけん」ていうことで。そうから我々の仲間の者が（参加した）。[35]

木次町青年団演劇部がロケに協力したことは前に述べたが、陶山さんは当時四四歳で、現役の青年団員ではなかった。だが、昭和二〇年代に青年団で演劇に携わっていた陶山さんのようなOBにも、エキストラの依頼があったのである。陶山さんによると、話があったのはロケの二、三日前で、陶山さんが青年団時代に団長を務めていた助役の藤井曉氏から声がかかったのだという。藤井氏は役場の若手職員だった細木勝さんをエキストラ動員の担当に指名していたが、自らもかつての団員たちに力を貸してほしいと直接頼んでいた。和菓子店の仕事は盆までは忙しいが、盆が終わると一息つくことができた。陶山さんは三日間仕事を休み、青年団時代の演劇仲間と一緒にロケに参加した。当日は松竹のロケバスで下久野の現場に向かった。陶山さんの家は、天野館から下久野へ行く途中にあったため、家の前で拾ってもらったという。

映像を改めて確認すると、陶山さんが亀嵩村役場衛生係として出演しているシーンは意外と多いことに気づかされる。ふだん映画を観る時に、エキストラを意識して観ることはまずない。逆に言えば、エキストラが目立ってしまうと、物語に集中している観客の意識を遮ることになり、作品が台無しになってしまう。エキストラはあくまでも「動く風景」として、なるべくそこにいることに気づかれないよう、そこにいなければならない。

最初は、千代吉を荷車で隔離病舎へ運ぶシーン（カット表の一時間五三分四七秒から）。カーキ色の国民服を着て黒いマスクをした衛生係は、一行の先頭に立ち、後から来る荷車の人夫たちの様子を気にかけながら、ゆっくりと歩を進めている。この時、同行している三木巡査役の緒形拳が、父親の後をついてくる秀夫に気づき、帰るように促す。当然そちらがメインの芝居であり、観客の目はそれに集中している。

続いて、岡山の療養施設に向かう千代吉を荷馬車で搬送するシーン（一時間五六分三五秒から）。一行は隔離病舎からの坂道を下りて、駐在所の前でいったん止まり、再び川向こうの坂道を上っていく。この時、衛生係は一行の一番後ろにいて、岡山から派遣された療養所の職員と並んで歩いている。さらに、駅のホームで千代吉が乗る列車を待つシーン（二時間〇分〇秒から）では、一行を先導していたグレーの服の男と、画面の端の方で談笑している。

この間、千代吉と秀夫の父子が駐在所の前でいったん対面をし、さらに後を追って走ってきた秀夫が駅のホームで千代吉と抱き合う映画最大のヤマ場が展開しているのは言うまでもない。陶山さんたちエキストラの演技は、観客の胸を打つクライマックスシーンを密かに引き立てる隠し味として、映画を支えている。

陶山さんは衛生係の役は「ついて歩くばっかり」だったと謙遜するが、助監督から「こんなふうにやって」と細かく演技指導があったようだ。ちなみに岡山の療養施設の職員役は周藤祐二《すとうすけじ》さん、一行を先導する男性の役は飯石功さん。二人とも故人だが、陶山さんの演劇仲間で、家族ぐるみの付き合いもある親しい間柄だった。

なお撮影に使われた馬は、陶山さんによれば能義郡（現・安来市）から連れて来ていたかもしれないが、記憶は曖昧だという。残念ながらそれ以上のことはわからなかった。

陶山さんは八月二七日からの三日間で、右に記した出演シーンを下久野の小僧谷道と「駐在所」前、および亀嵩駅に見立てた出雲八代駅（当時・仁多町）で撮影した。さらに陶山さんは亀嵩の湯野神社でのロケ現場にも行き、拝殿の下で三木巡査が本浦父子を見つけるシーンの撮影を見た記憶があるという。おそらく車の手配の関係で、木次から参加したエキストラは、たとえ自分の出番がない場所でも、その日のロケが終わるまではロケ隊と一緒にバスで移動しなければならなかったのだろう。

これらのシーンはいずれも「亀嵩」パートの「本浦父子編」の核となる重要なシーンだが、ロケ期間の終盤の三日間で、集中的に撮影されていたことがわかった。『砂の器』の木次線沿線ロケがどのような流れで行われたのかを考える上でも貴重な情報である。

（5）記憶を伝える宿

宿泊地は木次と三成

『砂の器』のロケの実施を伝える前出の新聞記事では、「ロケ隊は四十三人」「三十数人のスタッフ」などと伝えている。当然、これだけの人数を受け入れる地元の宿泊施設が必要になる。当時の木次線沿線には都会のような洋式のホテルはなく、昔ながらの旅館が町ごとにいくつかある程度だった。その中でも町の規模が比較的大きく、交通の要衝でもあった木次と三成が、宿泊地に選ばれた。

既に何度も名前が出ている木次の老舗旅館、天野館には、八月の初め頃から監督の野村芳太郎、カメラマンの川又昂などが先行して滞在し、ロケが始まると丹波哲郎、緒形拳、加藤嘉といった俳優たちも宿泊した。また、仁多郡内での撮影が多かったロケの前半には、三成の旅館、曽田旅館にも俳優らが二泊ないし三泊滞在したことがわかっている。この二つの旅館を中心に、木次、三成の他の旅館にもスタッフたちが分散して宿泊していたようだ。

旅館は寝食だけでなく、仕事の準備や打ち合わせ、

俳優陣、スタッフが宿泊した天野館別館（2023年）

あるいは気晴らしなども行われる場所である。俳優、スタッフに身近に接し『砂の器』のロケを裏で支えた二つの旅館には、それぞれどのような記憶が語り継がれているのだろうか。ロケから半世紀近く経った今、訪ねてみた。

木次有情

天野館が木次の町で開業したのは、一八九一（明治二四）年。木次線の前身、簸上鉄道が開通するより二五年も前のことだ。第二章で見た通り、この地方では荷車が登場したばかりで、輸送はまだ馬と川船に頼っていた時代である。斐伊川の中流に位置する木次は、雲南三郡（大原郡、仁多郡、飯石郡）と松江、出雲を結ぶ中継点として栄え、古くから多くの旅人が宿を求めた。

旅館は木次の駅前から続く街道に沿って建っている。木次といえば斐伊川土手の桜並木が有名だが、この桜並木が見える本館と、通りをはさんで向かい側に建つ別館からなる。本館は明治の創業当時、別館は大正時代に建造された、いずれも風情ある木造建築である。『砂の器』のロケの際、監督と主な俳優陣は別館、他のスタッフは本館に宿泊した。監督の野村がロケ前の八月初旬から約一か月滞在したのは、別館の一角にある茶室「涼翠庵」。

野村芳太郎が滞在した天野館の茶室(2023年)

日本庭園に面した落ち着いた環境で、野村は演出の構想を練っていた。八月下旬にロケが始まると、別館二階の「桜の間」に丹波哲郎が入った。同じく二階の「菊の間」は当初、加藤嘉と緒形拳が二人で使っていたが、途中から緒形が一階の「桃の間」に移ったという。

当時対応したのは、先代の主人で二〇二三年に亡くなった天野吉郎さんだった。吉郎さんは生前、『砂の器』のロケ隊一行が宿泊した時のことをいくつかのメディアに語っている。二〇〇二(平成一四)年の朝日新聞島根版の特集記事には「調理材料の調達に大忙しで、俳優さんと話す機会はなかったねえ」[36]という吉郎さんの談話が掲載されている。また、野村芳太郎にスポットを当てた二〇〇八(平成二〇)年の『週刊新潮』の記事では、野村の人柄について「本当に大人しい方で、滞在中はほとんど何もおっしゃらない」[37]ような人物だったと印象を述べている。

吉郎さんの次男で、現在の主人、天野裕二さん（一九六八年生まれ）は『砂の器』の時の記憶は全くないというが、当時の写真やサイン色紙、台本などの資料を受け継いでおり、両親から当時の話を聞くこともあった。

中でも興味深いのは、緒形拳にまつわるエピソードだろう。天野館に滞在中、緒形は木次駅近くにある飲食店「美園」に、毎晩のように足を運んでいたという。緒形が美園のオーナーだった内藤勝美さん、天野吉郎さんと三人で酒席を囲んでいる写真もある。右の記事では「俳優さんと話す機会はなかった」と語っていた吉郎さんだが、緒形は例外だったようだ。

木次がすっかり気に入った緒形は、三年後の一九七七（昭和五二）年一〇月、主演を務める舞台『王将』を木次町体育館で上演した。全国七八か所を回る公演ツアーの一環で、前日は松江の島根県民会館だった。この舞台には『砂の器』で三木巡査の妻役を演じた今井和子も出演している。

天野館にはこの時の入場券が保管されていて、券面には「お問合せ連絡先」として天野館と美園が名を連ねている。木次町役場の職員だった前出の細木勝さんも、この舞台を観に行ったという。青年団演劇がさかんで、芝居好きの人が多い土地柄も、緒形が木次に心を寄せ、公演を行った理由の一つかもしれない。

緒形は再び天野館に宿泊している。おそらく『王将』を木次で上演した後、休暇を取って数日間滞在したのではないだろうか。撮影の時期は不明だが、近所の人たちと気さくにカメラに収まったり、部屋で器に絵付けをしたりして、くつろいだ様子の緒形の写真が多数残っている。また天野館の館内には、書家としても活動した緒形が「先客万来」、「醍醐味」とそれぞれ書いた二枚の色紙が飾られている。これらが書かれたのが『砂の器』の時なのか、後に滞在した時なのかは定かではないが、走り書き的なサインではなく「作品」として時間をかけて仕上げたような雰囲気からすると、後者の可能性が高いのではないか。

天野館には、緒形以外の俳優、スタッフによるサインも何点か残されている。丹波哲郎のサインには八月二二日の日付が入っている。ロケの初日にあたるが、天野裕二さんが伝え聞いたところでは、丹波は天野館にはそれほど長くは滞在しなかったとのことだ。

監督の野村は、八月二七日の日付が入ったユニークな色紙を残している。黒のペンで「松竹・橋本プロ第一回作品　砂の器　出雲・三成ロケにて」と記し、周囲に赤のペンでロケの風景を描いたもので、巡礼の父子、カメラ、照明、スタッフ、太陽、家々などを記号のようにシンプルに描いた面白いタッチのイラストである。

野村はもう一枚、八月三〇日に書かれたスタッフの寄せ書きにも名を連ねている。「雲南木次有情」の言葉と、美術の森田郷平が描いたと思われる天野館のスケッチとともに、野村、森田の他、助監督の大嶺俊順、照明の小林松太郎、進行の長島勇治、そして撮影の川又昂の名前がある。前日の二九日に全てのロケを終えて、三〇日に一行が宿を出発する際に、天野館に贈ったものと考えられる。

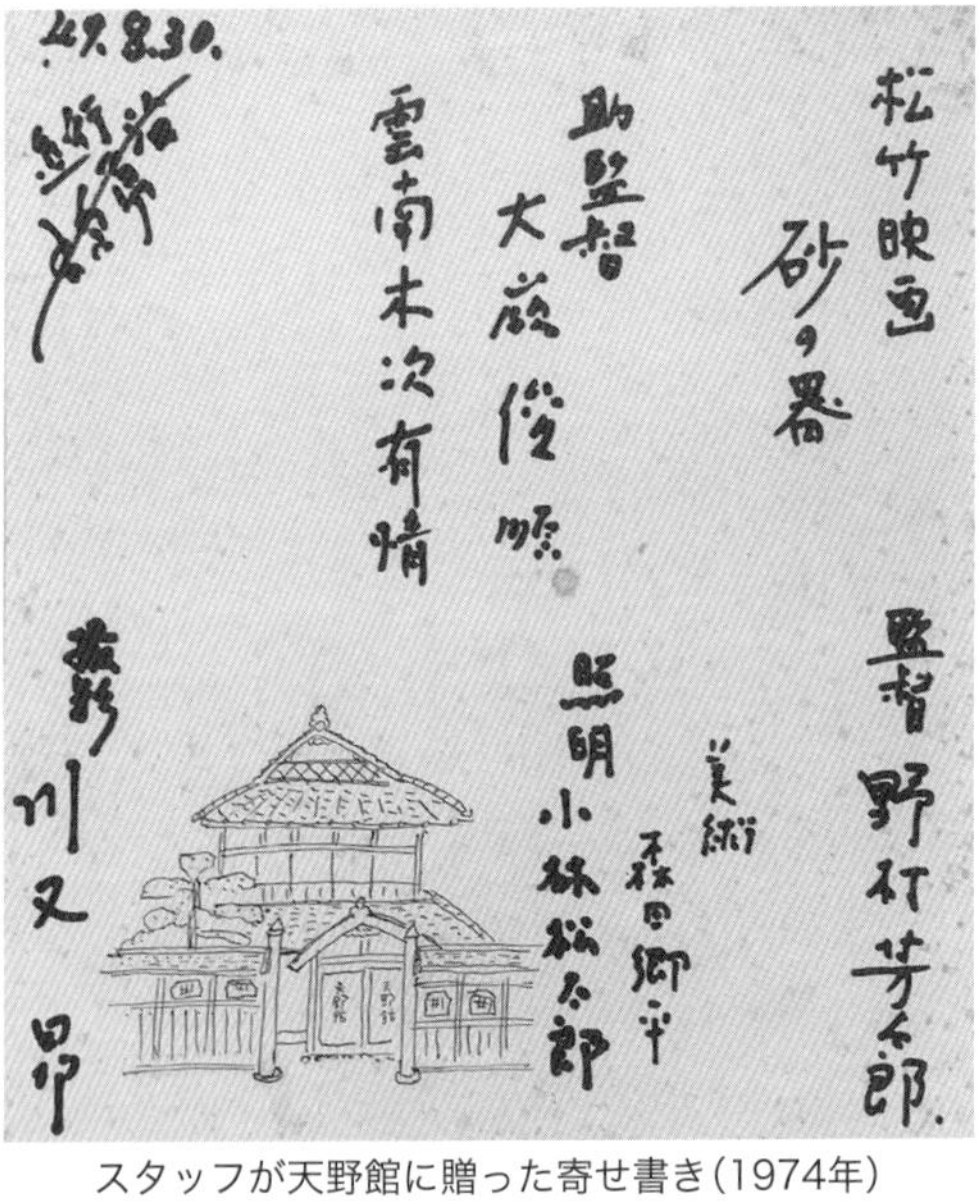

スタッフが天野館に贈った寄せ書き（1974年）

そして誰が書いたものかはわからないが、次のように記された色紙も残されていた。日付はロケの最終日、八月二九日となっている。

みちのくの雪の日に

花に包まれた信州路で
雲わきたつ奥出雲の夏に
宿命とは悲しさなのか
強さなのか
日本列島をつらぬいて追う者と追われる者
松本清張原作
松竹映画「砂の器」ロケ記念[38]

宿命というテーマの映像化と向き合いながら、日本列島各地でロケを敢行し、ついに作品の最も重要な鍵となる「亀嵩」パートのロケまでやり遂げたスタッフたちの感慨が伝わってくるようだ。

愛宕祭と旅館の和傘

奥出雲町の行政の中心地、三成。ここもまた、街を流れる斐伊川の舟運によって古くから発展してきた。毎年八月二四日に、三成愛宕祭という大きな夏祭りが行われることでも知られている。祭りは三〇〇年以上の歴史があり、三成の街を見下ろす愛宕山に布で作った巨大な一夜城が現れる。ちょうどこの愛宕祭の時に『砂の器』のロケ隊一行が宿泊したことを、老舗の宿、曽田旅館の曽田久子さん（一九三四年生まれ）は憶えている。

（一行が宿泊したのは）二日か三日。ちょうどねえ、愛宕さんの時でしてね。みなさん、曽田旅館の浴衣を着てね。下駄を履いてね。出てみなさって、花火なんか見た記憶がありますよ[39]

曽田さんによると、加藤嘉、緒形拳、丹波哲郎が一部のスタッフとともに曽田旅

三成愛宕祭の一夜城（2023年）

館に宿泊し、三成の他の旅館にもスタッフが分宿したという。正確な日付や滞在日数はわからないが、三成愛宕祭が行われた八月二四日（土）前後であったことは間違いない。
俳優たちも旅館の浴衣を着て見物に出かけたというこの年の愛宕祭は、前夜祭の二三日を含め、例年に増して盛況だったことを当時の山陰中央新報の記事が伝えている。

愛宕山に〝幻城〟出現
仁多・愛宕神社祭り　二日間、多彩な催し

雲南地方の夏祭りの最後を飾る仁多郡仁多町三成の愛宕神社祭りが二十三日の前夜祭から始まり、町裏の愛宕山に名物の〝幻城〟が出現、二日間にわたる多彩な催しものでにぎわった。（中略）
ことしは例祭日が土曜日にあたり協賛行事が多く、例年の花火大会、神代神楽、松江松下電器仁多工場従業員八十人の大阿波踊り、仁輪加のほか、鳥取の傘踊り、境港荒神太鼓、全山陰民謡大会、安来節大会、盆踊り大会などにぎやかな祭りとなった。[40]

この年の祭りがこれほど盛大だったのは、例祭日の二四日が土曜日だったからというだけではないだろう。第二章で見たように当時の仁多町もまた、工場誘致による雇用拡大、若い世代の回帰という一九七〇年代ならではの「持ち直し」の風が吹き、活気を取り戻していたのである。

街が文字通り「お祭り気分」で高揚していたこともあり、ロケ隊の宿泊中、曽田旅館には俳優たちが泊まっていることを聞きつけた地元の人たちが、次々と押しかけた。女将として接客にあたっていた曽田さんは、ただでさえ忙しいさなかに、サイン色紙の取次ぎに追われることになった。

夜は帰られるからね、俳優さんらが（旅館に）帰るから。周りの人がみんなサインしてくれ言うて持ってきてね。ずーっと並んで。してもらってくれ、してもらってくれ、ってバタバタバタバタしたもんですわね。（中略）持っていきますと、書きなさあですわね、次々次々。書いてもらったのを今度は渡すんですわ、下で待っちょられえけん。[41]

中には俳優の顔を一目見たいがために、食事やお茶を部屋へ運ぶ役を自分にやらせてほしいと頼む強者までいた。それはさすがに無理な注文だが、曽田さんが地元の人たちから預かった色紙を差し出すと、俳優たちは嫌な顔をせず、サインに応じていた。

俳優陣に関して他に印象に残っているのは、旅館の風呂場でスタッフにメイクを施されていた加藤嘉の姿である。布を切って顔などに貼りつけ、上から何かを塗って、皺だらけの皮膚に見えるようにしていたのを曽田さんは見たという。

もう一つ、曽田さんが記憶しているのは、撮影スタッフからある物を貸してほしいと頼まれたことだ。

昔のことですけんね、傘、あの油傘。茶色いような傘に油がのっているからね、あの傘に曽田旅館って書いて、大きな傘がありましたわね。皆さん泊っていただいたお方なんかが外へ雨が降るのに出なさるのに使うように、そこ（玄関）へ出しておりましたからね。それを撮影に使うから貸せてくれ、いうて持っていきなさったのを憶えてますよ。[42]

「亀嵩」パートの「今西刑事編」で、今西が雨の中、集落の人々に聞き込みをするシーン（「カット表」の五〇分三四秒から）があった。今西は和傘をさして歩いていたが、それこそがスタッフが曽田旅館で借りた傘に違いない。傘の外側には大きく「曽・田・旅・館」の四文字が書かれていたというが、映像ではそれが見えない角度になっている。

ちょっとしたことだが、もし今西がふつうの洋傘をさしていたら、このシーンの印象はかなり違うのではないか。不思議なことに、和傘だからこそ、雨の奥出雲の情感がしっとりと効果的に伝わってくるように思える。旅館の備品の和傘を目ざとく見つけたスタッフのファインプレーというところだろう。

名優が三晩通った家

三成愛宕祭に関して、もう一つ面白いエピソードを聞いた。

祭りには、地元の家々が毎年持ち回りで「当家《とうや》」と呼ばれる世話役となり、運営を仕切る慣わしがある。当家を務めるのは五軒で、筆頭にあたる家を「本当家」とし、それ以外を「副当家」とする。『砂の器』のロケが来た年、「本当家」の大役を担ったのが、三成の商店街で衣料品店を営む内田元子さん（一九四二年生まれ）の家だった。この時の写真を見ると、内田さんの店（当時は呉服店だった）の前には大きな提灯が飾られ、「愛宕神社祭典当家」と大書した看板が立てられている。店内には祝いの樽酒も積み上げられていた。

内田さんによると、この時ロケで三成に宿泊していた緒形拳が一人で家の前を通りかかったという。家族が「祭りは誰でも飲み放題だけん、上がって上がって」と誘うと、緒形

当家を務めた内田家（1974年）
写真提供/内田元子さん

は家に上がり、宴に加わった。
家では名物の出雲そばや仁多米の餅を使った雑煮を作って緒形をもてなした。ちょうど内田さんは一か月前に三男を出産したばかりだった。緒形は「俺は自分の子どももゆっくり抱いたことがない」と言いながら、膝の上で赤ちゃんを抱いて食事をした。
内田家には家族の他に、副当家の面々、店の従業員、手伝いに来た近所の人などがいて、たいそう賑やかだった。緒形は自分から何かを話すというよりは、その場にいる大勢の人たちの会話に耳を澄ませているようだった。（**巻頭写真⑧**）
次の日の晩も三成に滞在していた緒形はまた一人で内田家にやってきて、前日と同様、祭りの宴を楽しんだ。その翌日から緒形は宿泊先を木次の天野館へ移したが、何日か後に「そちらで飲みたいから、迎えに来てほしい」と内田家に電話してきた。内田さんの夫の一男さんが仲間と天野館まで迎えに行くと、サントリーの角瓶を持参してやってきたという。緒形は明け方近くまで内田家で過ごし、帰りは一座の中で酒を飲まない仲間が車で天野館まで送っていった。

緒形が内田家を三回も訪れたのは、もちろん三成の人たちとの交流が楽しかったからに違いないが、理由はそれだけではなかった。内田さんの義父で店の創業者でもある安一さんは明治生まれで、生粋の出雲弁の話し手だった。緒形が安一さんと酒を酌み交わしながら出雲弁を熱

緒形拳と内田安一さん（1974年）
写真提供/内田元子さん

心に学んでいた姿を、内田さんは記憶している。

何しに何回も来られたかというと、おじいさんおばぁさんは根っからの出雲弁ですが。その勉強に来られた。だけん、私らは、私は出雲生まれだけども、ま、若い者はどうしても、ちょっとふつうの標準語使う感じ、わかってもらうためにね、使うようになりますが。こういうようなふつうの言葉ですから、つまらんていうか。おじいさんおばぁさんはもう何言いたってそんな言葉使われんから。(中略)何のことかとか、それはどげかとか、(緒形は)自分もそれを使いながら、アクセントがちょっと、ニュアンスが違うかとか、アクセントが違うかとか聞きながらね、やっとられた。[43]

次の日の朝、撮影が行われる前に、緒形は白い巡査の衣装を着て三成の内田家にわざわざ立ち寄った。そして、覚えたばかりの出雲弁で安一さんに話しかけ、しばし会話を楽しんでいたという。

ほんとうにいい方だけど、頭のいい人でね(中略)次の日には朝間《あさま》「おはようございまーす」言いて「ゆうべはだんだん(ありがとう)」とかね、すぐそれでやられますけんね。「ゆうべはだんだん、ごっつぉなーましたね（ごちそうさまでした）」なんてこと言ってね。朝来て。やあ、すごいなあ。「やあ、なんだなーてねえ（何にも無くてね）」なんてなこと言いて「お前さん、飲んでばっかおらっしゃったがね」なんて話ですからね、おじいさんとですよ。[44]

木次線沿線のロケに参加した俳優陣の中で、出雲弁を話す役柄を演じるのは、三木謙一役の緒形だけだった。駐在所で本浦父子に事情を聞くシーン、隔離病舎で千代吉を説得するシーンなどで緒形は出雲弁を披露している。

今なら映画やテレビドラマで方言を扱う際は、演出サイドが方言指導の先生を頼んで俳優たちを指導してもらうところだが、この時はそうではなかったようだ。緒形は奥出雲に入ってから、スタッフの助けも借りず、地元の人たちの中にたった一人で飛び込んでいって、膝を交えて生きた出雲弁を実地で学び取ったのである。

生前「自分は演じるために生きている」[45]と語っていた名優、緒形拳の真髄がこの独特のアプローチにも表れている。

（6）見えてきたもの

ロケの流れを整理する

映画『砂の器』木次線沿線ロケに関しては、何日に、どこで、何を撮影したというようなまとまった記録は残っていない。今回、それぞれの立場でロケに関わった地域の人たちに記憶を語ってもらい、残された写真やサインなど多数の資料も参照することができた。一連の取材を通して、一九七四年八月に行われた木次線沿線ロケがどのように進められたのか、大まかな流れが見えてきた。

もちろん人間の記憶には限界があり、全てのシーンの撮影日を正確に特定することは困難である。私自身もそうだが、そもそも五〇年近く前の出来事を一から十までありありと思い出せる訳がなく、特に日付などは憶えていないのがふつうだ。記憶違いもあれば、複数の人の話を突き合わせたら整合性がとれなくなるようなこともある。厳密に事実を突き詰めて「正解」を求めるのが本書の目的ではない。ファジーな部分はそのままに「多分こうではないか」という「推理」も交えつつ、あくまで一つの目安として、ここでざっくりと整理しておきたい。時系列に沿って、考えられる動きを箇条書きにしてみる。

八月上旬

・野村芳太郎監督、川又昂カメラマンらスタッフが木次に入る

二一日（水）

・丹波哲郎が鳥取駅、山陰線車内シーンなど撮影しつつ移動?→宍道駅で乗り換えシーンを撮影?→木次で宿泊

二二日（木）

・丹波が出雲三成駅、三成警察署、八川駅、出雲八代駅などでロケ

二三日（金）

・丹波、亀嵩で「桐原老人宅」訪問シーン撮影

・加藤嘉、緒形拳ら三成入り?、丹波も含め三成で宿泊?

・三成愛宕祭の前夜祭（俳優陣、浴衣姿で見物？／緒形、内田家を訪ねる？）

二四日（土）
・加藤、子役の春田と八川駅などで放浪シーン撮影？
・三成愛宕祭（俳優陣、浴衣姿で見物？／緒形、内田家を訪ねる？）
・大東町で青年大会の前夜祭（野村、丹波が挨拶）

二五日（日）
・島根県東部は強い雨
・丹波、雨中の聞き込みシーン撮影？
・丹波はロケを終えて離脱？
・加藤、緒形らは木次へ移動し宿泊？

二六日（月）～二九日（木）
・下久野を中心に「本浦父子編」の一連のシーン撮影
・二七日以降に荷馬車のシーン、出雲八代駅ホーム、亀嵩・湯野神社のシーン撮影

・緒形、三成の内田家を再訪

三〇日（金）

・野村らスタッフが木次を出発

全体の流れを見ると、ロケは大きく期間の前半、後半に分けられる。前半（二五日頃まで）は主に丹波がメインの「今西刑事編」、後半（二六日以降）は加藤、緒形らがメインの「本浦父子編」の撮影が行われている。

ただし、三成の曽田旅館で加藤が撮影用のメイクをしていたという話から、前半にもおそらく仁多郡内の八川駅などで、父子の放浪シーンが撮影されたものと思われる。緒形については、前半は出番が見当たらないが、加藤の演技を見学したり（緒形は加藤が演じた千代吉役をやりたがっていたとの話もある）、出雲弁の準備をしたりするために、早めに現場に入ったのではないだろうか。

自然体の交流が生んだ一体感

もう一つ、ロケに関わった人たちの話から浮かび上がったのは、俳優や撮影スタッフと地元の人たちの距離が、想像以上に近かったことである。

昭和の時代、地方の山間部に住む人たちにとって、映画やテレビで見るスター俳優は、それこそ雲の上の存在だった。俳優たちを一目見たいと、ロケ現場や旅館には大勢の人たちが押しかけ、サインを求めた。

ところが俳優や撮影スタッフは、撮影の合間でもサインに応じるなど、意外と気さくに地元の人と接していた。ちなみに現代のロケでは、ギャラリーやエキストラが俳優に話しかけたり、直接サインを求めたりすることは禁止されているケースが多いと聞く。

丹波哲郎はエキストラとの雑談に興じ、地元の祭りには俳優たちが旅館の浴衣を着て繰り出した。緒形拳は撮影の合間に農家でビールを飲んだり、出雲弁を学ぼうと商家に何度も足を運んだりした。監督の野村芳太郎は頼まれて青年団の集会に出かけて行った。

こうした俳優やスタッフの素顔に、親近感を覚えた人たちも多かったに違いない。撮影中は現場に緊張感が漂っていたが、休憩時間には俳優、スタッフと地元の人々が和気藹々と自然体で交流を楽しむ姿も見られた。

今と違って時代が大らかだったのは間違いないが、そのせいだけではないだろう。木次線沿線地域の風土と人は、限られた日程で撮影に追われるロケ隊一行を柔らかく受け入れ、気持ちをほぐしていた。ロケ隊と地元との間に、ある種の一体感が醸成されたことが、ロケと作品の成功につながったと言っても過言ではない。

野村はロケの九年後、亀嵩に『砂の器』の記念碑が建立された時の記念講演で次のように語っている。

これは作った僕がいうとおかしいんですけども、映画っていうものはどうしてそんな力が出て来るんだ。これは監督の力でもなんでもないんですね。なんか、ほんとにみんなの力が、どういう形でかわからないけれども、ものすごくうまくっていいますか、魅力的にっていいますか、みんなの力が結集された時に映画っていうのは素晴らしい力を発揮する。この映画は、そういう意味で僕たちの頭をこえて、映画が持つ力みたいなものが発揮された映画だと思います。

先ほど橋本さん（橋本忍）が仰っていたように、土地の人たちの力がやはりこの映画の時、ものすごく反映している訳ですね。僕は仕事して一番感じることは、その映画を作ったスタッフ、それから俳優さん、そういう人たちがその映画が終わった時、なんか仕事が終わったことがとても淋しい、もっとこの映画に愛着を持ってなんかやっていきたい、そういう気持ちが残ったような仕事っていうのはそれだけの力を持ってる映画なんで…（中略）そういうふうな人間的な気持ちのつながりみたいなものが、やはりその映画の感動っていうものを伝える力にどこかになっているんだと思います。[46]

（7）その後

三か月遅れの上映

木次線沿線でのロケから約二か月後の一九七四（昭和四九）年一〇月一九日、映画『砂の器』は公開された。野村芳太郎の手記によれば、最初は松竹セントラル、渋谷東急、渋谷パンテオン、新宿ミラノ座といった東京の大劇場、および全国各都市一〇の映画館でロードショーが行われた。[47]観客の入りは上々で、この年の興行収入七億円、邦画としては第三位の好成績を上げた。作品への評価も高く、国内外の多数の映画賞を受賞したことは「はじめに」でも述べた通りである。

しかし、ロケ地となった島根県での公開は意外にも遅く、年を越してからだった。松江市寺町にあった松江中央劇場では、翌一九七五（昭和五〇）年の年明けから『男はつらいよ　寅次郎子守唄』『ドラゴン怒りの鉄拳』など正月映画三本をかけた後、一月一五日から『砂の器』を上映した。東京などの封切館から見れば、約三か月遅れということになる。併映はアメリカ映画『かもめのジョナサン』で、期間は二月七日までの約三週間だった。

島根の観客たちは「亀嵩」パートに登場する木次線沿線の映像をどのように観たのだろうか。当時の山陰中央新報の文化欄に「『砂の器』を観て」と題した山陰中央テレビのチーフプロデューサー、郡山政宏氏の文章が掲載されている。〈久しぶりに感激した。良い映画だったし、第一面白かった。〉[48]という書き出しで始まり、全体としては作品を称賛する内容なのだが、この中に観客の反応についての面白い記述がある。

奇妙なことに山陰人のわれわれにとってワイド画面でみるわが故郷は、なかなかイカした（何故か会場では笑いが起こった）が、もっとも地元としては余り〝過疎〟的に紹介してほしくないという身勝手な思いもあった。[49]

会場で笑いが起こったというのは、映画のシリアスな内容には似つかわしくなかったかもしれないが、ふだん慣れ親しんだ地元の風景や知り合いの姿が映画館の大スクリーンに映し出されれば、思わず感嘆の声をもらし、ついニヤニヤしてしまうのは人情というものだろう。そして地元が映画に登場する晴れがましさと、一方でいかにも田舎っぽい〝過疎〟地に見えはしないかという恥じらいが交錯し、まるで自分自身の姿を鏡で見る時にも似た屈折した思いもよぎったのかもしれない。

島根を離れて

ロケに協力した人の子弟の中には、当時島根を離れ都会で暮らしていた人もいた。こうした人たちが都会の映画館で、島根の家族より一足先に映画を観るケースも少なくなかったと思われる。

亀嵩村役場衛生係を演じた陶山浩志さんの長男、桂一さん（一九五三年生まれ）は、ちょうど映画が作られた年に就職し横浜で働いていた。実家から電話で父親が『砂の器』という映画にエキストラで出たと聞き、桂一さんは横浜の映画館へ観に行った。たまたま同じ会社の同期の女性社員とばったり顔を合わせ、「うちの父が出ている」と話をしたことを憶えている。

当時横浜で観てると、丹波哲郎さんが最初に木次線に宍道から乗る時、一両かな二両だったのかな…ディーゼルカー一両とか「え?」「おー」というような。ちょっとね、「え、なんで一両なんだ」という感じで、周りの他の人が。私は当たり前だと思ってるけど。[50]

実際には映像に出て来る木次線の列車は三両編成だが、それにしても通勤などでもっと長い編成の電車に乗り慣れている首都圏の観客には、ローカル列車の短い編成は驚きだったようだ。

「亀嵩駐在所」のセットが作られた下久野の藤原家の長男、明博さんは、やはり実家から話を聞いて、当時就職していた兵庫県で映画を観た。

私は一人で観たので、その日はね、友達と行かんこうに。『砂の器』でここでロケがあったよって聞いたから、向こうで一人で観て。どこか出えかいな出えかいなと思って見ちょったんだわね。あんまりそんなにこの映画がどうこういう気持ちはなかったけど、家が出ちょうということで、なつかしさのあまり。[51]

世界中のどんな場所の風景でもネットで手軽に見られる現代とは違い、当時はテレビでさえ、地方の山間部の映像が全国放送される機会はそう多くはなかった。就職や進学で遠く島根を離れて暮らす人たちにとって、他郷の映画館のスクリーンに映し出される木次線沿線の風景は、しばし懐かしい故郷や家族に思いを寄せるよすがになったに違いない。

試写会の記憶

エキストラとしてロケに協力した人たちにほぼ共通しているのは「試写会に招待されて映画を観た」という記憶である。

出雲三成駅で通行人役を務めた宇田川和義さんは、その試写会の時のチラシを今も大事に持っている。チラシの隅には青いペンで「S50・1・25・松江中央劇場で　宇田川」と記されている。当時、宇田川さん自身が書いたものだ。

一月二五日は土曜日で、いわゆる半ドンだった。仁多町役場勤務の宇田川さんは午前中の仕事を終えてから、松江まで出かけて行ったという。松江中央劇場で『砂の器』がかかって二週目の週末にあたるが、同劇場ではどこかの時間帯の上映を試写会に充て、エキストラなど関係者を招待したものと思われる。どの人も「招待券をもらった」ではなく「試写会に招待された」という言い方をしているので、映画館での一般の上映とは一線を画すものだったように思われる。試写会がこの日だけだったのか、他にも何回か行われたのかは不明である。

試写会で初めて完成した作品を観た時に何を感じたかは人それぞれだが、映画全体の感想とは別に、やはり自分たちの出演シーンがどうなっているか、ほとんどの人が気になったようだ。

湯野神社でエキストラを務めた小学生たちの一人、長谷川勝一さんは、親の運転する車で松江まで試写会に行った。他の子も同様だったという。

自分にとっても、子どもの頃はよくわからなかったですわ、話が。で、完成した後に試写会っていうのがありましてね。松江の映画館へ行って観ましたが、まあ長くて面白くないな、と。子どもながらにですね。いつ自分の姿が出るのかなというような気持ちで、ずっと待っておりましたが、終わった時に、あ、もしかしたら、あのところが自分かなみたいな、それくらいのほんとわずかな出番、それくらいでしたね。[52]

長谷川さんが『砂の器』のテーマの深さを知ったのは、成人して教員になってからだった。しかし、試写会の後で画用紙やクレヨンなど子ども向けの学用品セットをもらったのが、とても嬉しかったのを憶えているという。

木次町役場でエキストラの動員窓口を務め、自身も警官役でエキストラ出演した細木勝さんは、嬉しいような、申し訳ないような複雑な思いで映画を観た。

あとの動員かけたみなさん、エキストラ、全部カットですよ。たとえば宍道の駅だって、ホームに着いた時にサーっと人が並んでいる（場面を撮影したのに）。（中略）だが、僕はカットしてないだ。今もビデオにも残っている。えらい気を使ってごされたわ。[53]

自分がエキストラを依頼した役場の同僚たちの出演シーンがほとんどカットされていたにもかかわらず、自分のだけはそのまま使われていたというのだ。

一方で、自分の出演シーンがどうでもよくなるほど、作品そのものに大きな衝撃を受けた人もいた。試写会のチラシに日付と場所を書き込んでいた宇田川和義さんである。

映画の感動を初めて味わったんですよ、この時に、映画の感動を。二〇何歳だけども、自分が出た、あるいはエキストラで、あるいは奥出雲でロケしたとかなんちゅうことはそっちのけで、引き込まれてしまって。映画に。もう涙は出るし。ものすごく映画に感動したんですよ、この試写会で。（中略）映画の感動、圧倒的な。出たとか云々はどうでもいいことになってしまって、それくらい感動したんですよ。[54]

この時の忘れがたい感動が、三〇年近く経ってから、ある場面で宇田川さんが思い切った行動を起こす原動力となる。

記念碑建立

映画『砂の器』の成功によって、舞台となった亀嵩の名は全国にさらに広く知られることになった。映画を観て亀嵩を訪れる人が増えたことは、第二章でも紹介した通りである。

地元では、原作者・松本清張への感謝と郷土の誇りの証として記念碑を建立しようという話が持ち上がった。小説連載時の方言校正が縁で清張との交流があった亀嵩算盤合名会社の当時の社長、若槻慎治氏らが奔走。亀嵩観光文化協会と建設実行委員会が中心となり、住民からの寄付や地域外からの募金を集め、揮毫は清張に依頼した。

一九八三（昭和五八）年一〇月二三日、亀嵩・湯野神社の大鳥居横に「小説　砂の器　舞台之地」と刻まれた記念碑が完成し、除幕式が行われた。式には松本清張をはじめ、映画に関わった野村芳太郎、橋本忍、丹波哲郎、緒形拳が出席した。木次町沿線でのロケ以来実に九年ぶりに、四人は亀嵩の地で再会したことになる。式典には他に松竹常務の梅津寛益、女優の山本陽子も参加した。

この時、地元の仁多町体育館で一時間ほど行われた講演会では、清張、橋本、野村、丹波、緒形がこの順番で登壇し、本書のいくつかの箇所で引用した内容も含めて地元の聴衆に語りかけた。この時、清張は改めて映画の出来栄えを讃えている。

亀嵩の砂の器記念碑（2023年）

私の書きました原作の中で、映画で原作を超えたのは『砂の器』だけではないかと思っております。これは原作の書き足らないところを、映画がそれをもっと補強し、さらにまた原作が考えている通りのねらい、効果を、映画的にこれが再構築しているという成功例であります。[55]

映画が映像を通して再構築した作者のねらい、効果。そこには「亀嵩」パートを構成する木次線沿線の映像も大きな力を発揮していることは言うまでもない。

除幕式の日に撮影された印象的な写真がある。（**巻頭写真⑩**）清張たち来賓とともに、式の参加者全員が記念碑の前に集まっている。赤ん坊からお年寄りまで、確認できるのは実に三四五人。[56]これだけの人数が一度に収まっている写真には、そうそうお目にかからないだろう。奥出雲の秋の日差しを浴びて佇む人々の柔らかな表情。中には、あの夏の日のロケを見守った人もいるに違いない。『砂の器』という作品への地域の思いが伝わってくるような、象徴的な一枚である。

不思議な縁

映画が作られて以降、『砂の器』はテレビドラマとしても複数のバージョンが制作、放送された。一九七七年（フジテレビ）、一九九一年（テレビ朝日）、二〇〇四年（TBS）、二〇一一年（テレビ朝日）、二〇一九年（フジテレビ）の五回である。（映画以前には一九六二年に朝日放送が制作したものがある。）

これらのテレビ版の多くは奥出雲でロケが行われているが、二〇〇四（平成一六）年一月から三月にかけて計一一回放送されたTBS版については、当初、奥出雲での撮影は予定になかったという。

当時、仁多町役場で地域振興課長を務めていたのが、一九七四年の映画のロケの時、エキストラで協力した宇田川和義さんだった。宇田川さんのもとには、TBSの担当者がロケの相談に来ていたが、検討の結果「予算も時間もない」との理由で、奥出雲でのロケは見送られることになった。

しかし、宇田川さんにとって『砂の器』は初めて映画を観て感動を覚えた思い入れの深い作品だった。また地元の人たちが『砂の器』の舞台であることを誇りに思い、大切にしている気持ちも日頃から肌で感じていた。ドラマの撮影は始まったが、諦められない宇田川さんは制作陣がロケで滞在していた兵庫県の城崎に乗り込み、プロデューサーらに直談判。熱い思いをぶつけたことで、制作サイドが翻意し、奥出雲でも急遽ロケが行われることになった。

ただし、ロケまでの準備の時間はなかった。宇田川さんは役場の責任者として、町の人たちに頭を下げて回った。撮影時期は一月と三月。建設業協会に頼んで、映像のイメージに合うよう、道路に砂を蒔いたり、ガードレールを一時的に外したり、力仕事をしてもらった。雪の多いところは、消防団に屋根の雪落としを依頼した。宿泊施設では、連日撮影で夜遅く帰ってくるロケ隊のために、食事に猪汁を出すなど心づくしのもてなしをした。町の人たちは皆、『砂の器』のロケと聞くと、「おお、いいよ」と喜んで協力してくれた。

三月のロケでは、季節外れのドカ雪が降った。町内の三所《みところ》地区にある城山《じょうやま》から夜明けの山並みを見渡すシーンの撮影が予定されていたが、とても車では山へ上がれない状態だった。それでも、夜中の二時に宇田川さんにロケ隊から連絡が入り、早朝五時から撮影を強行したいという。宇田川さんが知り合いの工務店に相談すると、「では三時に上がるか」と除雪を引き受けてくれた。城山への道をよほど熟知した人でないとできない作業で、その心意気に宇田川さんは手を合わせた。それもこれも、『砂の器』だからこそと宇田川さんはいう。

非常にその『砂の器』の感動に誰もが心を打たれているから、『砂の器』のことになると一所懸命ね、皆が協力するんですよ。協力というか、大事にしてますね、それはね。何が来てもね、映画、ドラマが来てもそうだし、ツアーが来てもそうだし。[57]

松本清張が小説『砂の器』に亀嵩を登場させてから六〇年以上、そして映画が作られてから間もなく五〇年になる。

「カメダは今も相変わらずでしょうね？」

稀代の作家が蒔いた物語の種は、やがて多くの人の手を借りて映画という大樹に育ち、大輪の花を咲かせた。そして人々の心に深く根を下ろし、現実の広がりの中で枝葉を繁らせるが如く、さらに無数のドラマを紡ぎ出してきた。

不朽の名作と地域との不思議な縁は、これからも続く。

1 谷脇茂樹「フィルムコミッションによる地域活性化に関する考察」（『富山国際大学現代社会学部紀要』第一一巻第一号、二〇一九）
2 山陰中央新報 一九七四年八月二一日付
3 読売新聞島根版 一九七四年八月二三日付
4 山陰中央新報 一九七四年八月二四日付
5 毎日新聞夕刊（東京版）一九七四年九月六日付
6 宇田川和義さんインタビュー（二〇二三）、カッコ内は筆者補足
7 6に同じ
8 6に同じ
9 藤原宣子さんインタビュー（二〇二三）
10 9に同じ、カッコ内は筆者補足
11 ファッションビジネス学会ホームページ「ファッション産業年表」
https://www.fbsociety.com/nenpyo/1974.html （二〇二三年八月閲覧）
12 例えば『週刊女性』一九七四年八月二〇日号は「夏のさかりから初秋へ…いちばん注目されているスカートの研究」と題した記事を掲載している
13 9に同じ
14 細木勝さんインタビュー（二〇二三）、カッコ内は筆者補足
15 14に同じ
16 14に同じ
17 14に同じ
18 『木次町誌』（一九七二）
19 『新修木次町誌』（二〇〇四）
20 14に同じ
21 山陰中央新報 一九七四年八月二七日付
22 14に同じ

23 清張の会『清張 創刊号』(二〇〇三)
24 長谷川勝一さんインタビュー (二〇二三)
25 長谷川勝一さんの手記 (二〇二二)
26 中林正さんインタビュー (二〇二三)
27 野村芳太郎が書いたとされるメモ (一九七四)
28 「シネマ紀行『砂の器』」(松竹、一九九七、DVD『砂の器』所収)
29 藤原明博さんインタビュー (二〇二三)、カッコ内は筆者補足
30 藤原房吉さんインタビュー (二〇二三)、カッコ内は筆者補足
31 30に同じ
32 落合傳吉さんインタビュー (二〇二三)、カッコ内は筆者補足
33 32に同じ
34 「映画『砂の器』ロケ地探訪④」朝日新聞島根版二〇〇二年八月二三日付
35 陶山浩志さんインタビュー (二〇二三)、カッコ内は筆者補足
36 34に同じ
37 桐山秀樹・文、菊地和男・写真『部屋の記憶』(六耀社、二〇一三、初出:『週刊新潮』2008年6月5日号)
38 天野館が所蔵する色紙 (作者不明、一九七四)
39 曽田久子さんインタビュー (二〇二三)、カッコ内は筆者補足
40 山陰中央新報 一九七四年八月二五日付
41 39に同じ
42 39に同じ
43 内田元子さんインタビュー (二〇二三)、カッコ内は筆者補足
44 43に同じ
45 高田宏治「名優・緒形拳…見る者を震撼させた『凄み』は、どこから生まれたのか」(『現代ビジネス』二〇二二年一〇月一一日)
https://gendai.media/articles/-/100644?imp=0 (二〇二三年八月閲覧)
46 『砂の器』記念碑建立時の講演 (於・仁多町体育館、一九八三年一〇月二三日)、カッコ内は筆者補足

47 野村芳太郎「SAKUHIN KIROKU」(『映画の匠　野村芳太郎』、ワイズ出版、二〇二〇)
48 郡山政宏「『砂の器』を観て」山陰中央新報一九七五年一月三一日付
49 48に同じ
50 陶山桂一さんインタビュー(二〇二三)
51 29に同じ
52 24に同じ
53 14に同じ
54 6に同じ
55 46に同じ
56 湯野神社ホームページ
https://yuno-jinja.jp/index.php/museum/the_castle_of_sand/(二〇二三年八月閲覧)
57 6に同じ

おわりに

映画化から五〇年の節目に

映画『砂の器』と木次線、およびその沿線地域との関わりをいくつかの角度から見てきた。

第一章では、映画の核心となる「亀嵩」パートをシーンごとに分析し、それぞれの映像がどのように撮影されたのかを探った。作り手たちは物語のイメージに合うベストな映像を追求し、亀嵩地区だけでなく、広く木次線沿線でロケを行っていたことが確認できた。

第二章では、『砂の器』の映像に残る一九七〇年代の木次線と沿線地域が当時どのような状況にあったのか、歴史を紐解きつつ考察した。木炭などの資源を運ぶ画期的な輸送手段として地域の産業や暮らしを支えた木次線は、やがてモータリゼーションの波にのまれ、その姿を変えつつあった。一方、高度経済成長による人口流出に悩んでいた地域は、この時期、企業誘致やUターン現象によって一時的に活気を取り戻していた時代でもあった。

第三章では、原作者・松本清張が「亀嵩」や「ズーズー弁」に関心を持った背景を探った。『砂の器』が映画化されるまで亀嵩を訪れたことがなかった清張だが、幼少期は家庭内で雲伯方言に親しんでいたこと、奥出雲と境を接する鳥取県日南町にあった父の生家を鉄道で訪ねていたこと。また小説の執筆には亀嵩の人々が新聞社を介して協力していたことなどが浮かび上がった。さらに映画化までの紆余曲折を追う中で、地域との関わりも見えてきた。

第四章では、映画のロケを支えた地域の人々の記憶をつなぎ、ロケの実相に迫った。俳優、スタッフと地元の人たちの自然体の交流が一体感を育み、映画の成功にもつながったことが明らかになった。

『砂の器』が映画化されて二〇二四（令和六）年でちょうど五〇年になる。

「はじめに」で書いた通り、たまたま私自身、小学生の時にこの映画のロケに遭遇したのだが、その時の記憶は断片的で曖昧なものでしかない。だいぶ歳月を経た今になって、そもそもなぜ昭和を代表する名作映画の撮影が地元で行われたのか、そのロケはどんな様子だったのか、改めて知りたいと思うようになった。そうした個人的な関心、動機のもとに本書は出発した。『砂の器』について地域の視点で書かれたものがこれまでほとんどなかったことも、この作業に取り組んだ理由の一つである。

しかし、半世紀も前の映画の地方ロケのことを、いまさら事細かく根掘り葉掘り調べても、果たしてどれだけの意味があるのだろうか。その答えは読者に委ねるしかないが、取材、執筆中に漠然と考えていたことを最後に少しだけ述べたい。

瀬戸際に立つ木次線と地域

木次線も沿線地域も、この五〇年、世の中が激変する中でどうにか生き延びてきた。しかし、先行きは非常に厳しい状況にあるといわざるを得ない。

『砂の器』が撮影された一九七〇年代、木次線では多くの駅が簡易委託化されるなど国鉄による合理化が進められた。そして一九八七（昭和六二）年には国鉄そのものが分割民営化され、営業はＪＲ西日本に引き継がれる。この年、一日一キロあたり六六三（人／日）だった木次線の平均通過人員（輸送密度）は、三五年後の二〇二二（令和四）年には四分の一近い一七一にまで減っている。

二〇二三（令和五）年一〇月に改正地域公共交通活性化再生法が施行され、鉄道事業者や自治体が要請すれば、赤字ローカル線の存廃について議論する「再構築協議会」を国が設置できるようになった。これを受けて、ＪＲ西日本は広島県と岡山県を結ぶ芸備線の一部区間について協議会の設置を国に要請した。木次線も数字上は対象となる条件に当てはまっており、決して他人事ではない。

沿線人口の減少と自動車依存のさらなる進行により、公共交通機関、住民の足としての木次線の存在感が薄れているのは否めない。利用者が減ることで列車が減便になり、利便性が悪くなって利用者がますます減るという悪循環が生じている。第二章で見たように、かつては冬に大雪が降れば何がなんでも除雪して列車の運行を確保したものだが、今は自動車による代替輸送を行うことで冬場の長期運休が当たり前になっている区間もある。

そうした中でも、地域の観光振興の柱として大きな役割を担ってきたのが、一九九八（平成一〇）年に運行を開始した観光トロッコ列車「奥出雲おろち号」だった。車窓から眺める紅葉や新緑などを目当てにやってくる県外からの観光客や鉄道ファンの人気を集め、観光シーズンはなかなか予約が取れないほどの賑わいを見せていた。ところがＪＲ西日本は車両の老朽化を理由に「奥出雲おろち号」の運行終了を決定、二〇二三年が最後のシーズンとなる。二〇二四年からは山陰線の観光列車「あめつち」が木次線に乗り入れることになっているが、ＪＲの提案では宍道―出雲横田間の運行となる予定で、出雲横田―備後落合間にある奥出雲おろちループや三段式スイッチバックといった人気スポットは、カバーされないことになる。「あめつち」が「奥出雲おろち号」の後継としての役割を充分果たせるかは未知数だ。

沿線の自治体や商工会、観光協会などが二〇一八（平成三〇）年に立ち上げた木次線利活用推進協議会では、木次線の利用促進を図るとともに、鉄道を活用した地域活性化、観光振興に取り組んでいる。毎月一二日を「木次線応援の日」として通勤などでの利用を呼びかけたり、児童、生徒の遠足や大人の団体旅行、研修などの運賃の助成を行ったり、グルメマラソンや謎解きゲームなどのイベントを実施したりしてきた。二〇二三年からは島根県、沿線自治体の負担と観光庁からの補助金で費用を捻出し、色とりどりの四種類のラッピング列車を導入した。一般から募集した「さくら」「しんわ」「たなだ」「たたら」の愛称をつけて走らせるなど、地域として懸命の努力を続け、木次線を支えている。

その地域の側にしても、これは今や日本全体の課題でもあるが、深刻な人口減少、少子高齢化により、地区によっては存続すら危ぶまれる状況にまで来ている。

島根県全体の人口は、一九五五（昭和三〇）年の約九二万九千人をピークに高度経済成長期を通じて減少したが、一九七〇年代前半から八〇年代半ばにかけては若干持ち直し、七〇万人台の後半で微増傾向を見せた。しかし、八〇年代後半からは再び減少の一途をたどり、二〇二三年四月現在の推計人口は約六五万人に落ち込んでいる。

木次線沿線の島根県の旧五町（加茂町、大東町、木次町、仁多町、横田町）の人口は、『砂の器』のロケが行われた一九七四年には約五万五千人だったが、二〇二三年四月にはその三分の二以下、約三万六千人にまで減った。[1]

中でも子どもの数の減少は深刻で、奥出雲町では現在一〇ある小学校を再編し二〇二六(令和八)年度までに二校にすることを決めている。八つの学校が消えることになるが、その中には私の母校、八川小学校も含まれる。一八七四(明治七)年に開設されてからまもなく一五〇年、これまであるのが当たり前だと思っていた地元の小学校がなくなると聞き、頭では致し方ないとわかっていても、自分の人生の拠り所の一つを失うような、なんとも言えない気持ちになった。

小学校再編は両刃の剣で、統合された学校では児童数、教員数が増えて学習環境の向上が期待できる一方、小学校がなくなる地区では子育てがしづらくなり、人口減に拍車がかかるマイナススパイラルに陥る恐れもある。学校だけでなく、金融機関の支店の廃止など、従来あった機能やサービスも縮小し、このままでは地域はますます衰退していくようにも見える。

『砂の器』は地域の宝

不朽の名作映画『砂の器』が映し出す一九七〇年代の木次線と「亀嵩」として描かれる

沿線地域の映像は、これからも半永久的に残る。映画を観て「亀嵩」や木次線の風景に心を寄せ、この土地を訪ねたいと考える人たちが途絶えることは当分ないだろう。

一方で、現実の木次線と沿線地域が今の姿を保ち続けることは難しいかもしれない。映像は残っても、もしその場所が形を変えてしまえば、そこに宿るローカル線と地域の物語を想起することは一層困難になっていく。せめて今のうちにこれまであまり語られることがなかった地域の記憶を掘り起こし、記録しておかなければ、映画がこの地域との浅からぬ関わりの中で成立した事実すら風化してしまうのではないか。そうした危機感が本書の根底にはある。

地域では、木次線と故郷が存続していくための厳しい戦いが続いている。映画『砂の器』が五〇年を迎え、一時的に再注目されたところで、それが直ちに地域再生や観光振興の特効薬、切り札になるとまでは考えにくいが、それでも世の中の流行やブームとは別の次元で『砂の器』が静かに人々を惹きつけるコンテンツであり続けることは間違いない。『砂の器』で亀嵩や木次線を知り、わざわざ足を運ぶ人たちに「来てよかった」と思ってもらえるよう、地元では受け皿となる取り組みが行われている。

第一章でも少し紹介したが、亀嵩にある温泉宿泊施設、玉峰山荘では、営業プロデューサーの内藤伸夫さんが企画し、事前に申し込んだ宿泊者を対象に「『砂の器』ロケ地巡り

〜ガイド同行宿泊プラン」を実施するとともに、新聞や雑誌が取材に訪れる際の同行サポート、有料ガイド案内なども行っている。二〇一一（平成二三）年に取り組みを始めてから、これまでに約三〇回、五〇人ほどを案内した。

松本清張の没後三〇年にあたる二〇二一（令和三）年には、亀嵩観光文化協会が主催して「砂の器・松本清張記念展」を開催した。地域の人たちから映画やテレビドラマ版のロケ風景を撮影した写真などの提供を受け、証言や当時の新聞記事などの資料も加えて、約一五〇点を玉峰山荘のロビーなどに一か月間パネル展示した。

「記念展」は、県内外からの旅行客など多くの来場者で賑わった。来場者にアンケートを行ったところ、会場に設置した回収ボックスに九三件の回答があった。半数以上は島根県内の人だったが、県外からも宮城、東京、神奈川、山梨、愛知、滋賀、京都、大阪、鳥取、岡山、広島、山口、香川、愛媛、高知、福岡の一六都府県から亀嵩を訪れた人たちが回答を寄せた。

主催者がアンケートの結果をまとめた資料がある。「記念展」について五点満点で評価してもらったところ、五点が六〇％、四点が三六％と非常に高い評価だった。アンケートに記入された来場者のコメントを、資料からいくつか紹介する。

・今回、木次線・芸備線に乗車したい！が第一目的の旅でしたが、たまたま亀嵩に泊まる事ができただけでもうれしいのに、たまたまこの松本清張記念展が見れるとは。。。もっと時間をかけてじっくり見たい所ですが（それでも宿泊だったので、じっくり見ましたが）、最高の感激展示でした。常設してほしい所です。（無理してでも訪れます）※亀嵩と言えば「砂の器」常設展示期待します!!

・松本清張、砂の器のファンです。何十回も見ていて、いつかカメダケに来てみたかった。今回このような記念展があるとの事で、大阪から来ました。二泊しますのでカメダケの町を巡りたいと思います。

・Twitterでたまたま流れてきたので開催を知りました。七四年の映画が大好きです。三〇代なので過去の新聞の展示も初めて読めて嬉しかったです。開催に大変感謝いたします。

・小さな小さな記念展ですが、亀嵩は素晴らしい宝を持っていると、羨ましい限りです。もっと若い方に砂の器を知ってもらいたいと思います。[2]

こうした声にも勇気づけられ、地元では有志が「奥出雲『砂の器』友の会」を立ち上げるなど、映画『砂の器』五〇年にあたる二〇二四年に向けて、さらに何か出来ることはないか、少しずつ動き出している。

アンケートの回答者が書いているように『砂の器』は亀嵩にとっての素晴らしい宝であることに間違いはない。同時に、あの夏のロケに協力を惜しまず名作の誕生を支えた木次線の沿線地域全体が、地区や行政の垣根を越えて手を携え、「自分たちの宝である」ともっと胸を張ってアピールしてもよいだろう。

『砂の器』という宝は、この地域に人を呼び込む不思議な力を持つとともに、木次線とともに歩んできた沿線の歴史を見つめ直し、継承するための扉でもある。

これから地域が『砂の器』のさらなる活用を考えていく上で、本書が多少でも役に立つようであれば幸いである。

感謝を込めて

本書の執筆、刊行にあたっては、インタビューさせていただいた皆さんをはじめ、大変多くの方々にご協力をいただいた。一個人が勝手な思い付きで始めた企画にもかかわらず、どの方も快く大切な時間を割いてお付き合い下さったこと、また貴重な資料をご提供いただいたことに、心から感謝を申し上げる。

専修大学の山口政幸先生には第三章の草稿に目を通していただくなど、松本清張研究者としての視点から数々の助言を賜った。小説『砂の器』で今西刑事の自宅があることになっている東京・滝野川の最寄り駅の一つ、都営地下鉄三田線・新板橋駅前の喫茶店でお話を伺ったが、その折に『砂の器』には英訳本があり〈Inspector Imanishi Investigates〉というのがそのタイトルだと教えていただいた。訳者はBeth Caryという人で、二〇〇三年にアメリカで出版されている。

タイトルを直訳すると「今西警部が調査する」となる。〈Inspector〉という単語が今西の警察官としての階級（原作では「巡査部長」となっている）に合っていないという指摘もあるようだが、おそらくあえてタイトルの三つの語がアルファベットのIで始まるように頭韻を踏んだものだろう。

『砂の器』という元のタイトルは抽象的で思わせぶりだが、その推理小説としての本質は、今西栄太郎という刑事が隠された事実を地道に粘り強く調べ上げていく物語であり、英語タイトルはそのことを端的に表現している。考えてみれば、本書を書く作業もまた、ひたすら「Investigate＝調べる」ことの積み重ねだった。今西に自分をなぞらえるのはおこがましいが、私の中で〈Inspector Imanishi Investigates〉は、怠け者の自分を奮い立たせ、モチベーションを高める特別な言葉となった。とはいえ、調べようとして調べ切れなかったことも少なくない。ひとえに私の力不足によるものである。書き足りていない内容について何かご存知の情報やお気づきのことがあれば、お知らせいただくと有難い。

本書の取材で改めて木次線沿線の各地域に何度も足を運んだ。前出の内藤さんには、自ら軽トラックのハンドルを握ってロケ地を一日がかりで案内していただき、また当時を知る方々に引き合わせて下さるなど、大変お世話になった。私のように奥出雲で生まれながら地元を長く離れていた人間にとっては、知っているようで知らないことがほんとうに多いことを思い知らされ、それだけに意外な発見もあった。

その最たるものは、個人的な話で恐縮だが、二〇年近く前に亡くなった私の父のことである。父は「亀嵩」パートの数々のシーンのロケが行われた下久野地区で生まれ育った。しかし、映画などには全く関心がない人間で、『砂の器』のロケが行われた時もそれ以後も、この映画について話をしたことは生きている間に一度もなかった。なので、今回『砂の器』について調べ始め、下久野がロケ地の一つだったことを知っても、それがすぐに父と結びつくことはなかったのである。

ところが、下久野地区のどこで撮影が行われたのかなど細かく地元の方々に話を伺ううちに、映画に登場する数々の場所が、ぞっとするくらい父の生家に近いことがわかってきた。話を聞いた方々の中には、昔の父のことをよく知っている人も何人かいた。川、橋、田畑、砂利道、茅葺の家々。映画の中で「亀嵩」として描かれる一つ一つが、父が子どもの頃に毎日駆け回り、その中で空気を吸って育った風景に他ならなかった。本人はそのことを知っていたのか、今となってはわからない。

私はこの映画を介して、知らないうちに父親の原風景に対面していたことになる。本書を企画した時には全く思いも寄らなかったことで、何か因縁めいたものを感じている。

私個人の取るに足らない思い出話から始まり、最後にまた極めて個人的な話で閉じることになったが、もちろん本書は私一人では到底成立し得なかった。

もう一度、関わっていただいた全ての方々に深く感謝し、本稿を終える。

二〇二三年一〇月

村田英治

1 『しまね統計情報データベース』https://pref.shimane-toukei.jp
「推計人口月報　R5.4.1現在」（二〇二三年八月閲覧）
旧木次町、加茂町、大東町の人口については、雲南市ホームページhttps://www.city.unnan.shimane.jp/unnan
「雲南市の人口・世帯数」の「令和五年四月末現在」のデータを参照した（同）

2 亀嵩観光文化協会「砂の器・松本清張記念展アンケート集計結果」（二〇二二）

【協力】

奥出雲『砂の器』友の会
亀嵩観光文化協会
木次線利活用推進協議会
緒形事務所
松竹

（順不同）

『砂の器』

Blu-ray：3,630円（税込）
DVD：3,080円（税込）

発売・販売元：松竹

※2024年１月時点の情報です

村田 英治

1965年、島根県仁多郡横田町（現・奥出雲町）に生まれる。小学生の時、地元の木次線・八川駅で『砂の器』ロケに遭遇。

1988年、ＮＨＫ入局。ディレクター、プロデューサーとして番組制作に携わる。

2022年に退職、執筆活動に取り組む。

『砂の器』と木次線

二〇二三年十二月十五日　初版発行
二〇二四年四月十五日　第四刷発行

著者　村田英治
編集　井上世菜
装幀　宮廻由希子
イラスト　岡本和泉 / Produce any Colour TaIZ
発行　ハーベスト出版
島根県松江市東長江町九〇二－五九
ＴＥＬ　〇八五二－三六－九〇五九
ＦＡＸ　〇八五二－三六－五八八九
E-mail harvest@tprint.co.jp
URL https://www.tprint.co.jp/harvest/
印刷製本　株式会社谷口印刷
定価は表紙に表示してあります。
落丁本、乱丁本はお取替えいたします。
Printed in Japan
ISBN978-4-86456-496-0 C0036